HEYNE
HARD
CORE

AF577863

SOPHIE ANDRESKY

Sex Circus

EROTISCHER ROMAN

WILHELM HEYNE VERLAG
MÜNCHEN

Unter www.heyne-hardcore.de finden Sie das komplette Hardcore-Programm, den monatlichen Newsletter sowie alles rund um das Hardcore-Universum.

Weitere News unter www.heyne-hardcore.de/facebook

Verlagsgruppe Random House FSC® N001967

Printed in the Czech Republic
Umschlaggestaltung: Johannes Wiebel / punchdesign, München,
unter Verwendung eines Motivs von shutterstock.com
(3DDock, Photographer_ME)
Satz: Schaber Datentechnik, Austria
Druck und Bindung: CPI books GmbH, Leck

ISBN: 978-3-453-27154-8

www.heyne-hardcore.de

»Noch nicht, noch nicht ganz, noch einen Schwung ... (...) Was wir zusammen sind, am Trapez – als wenn wir uns liebten – mitten in der Öffentlichkeit – es ist dieselbe Stelle in deinem Bauch. Salto mortale. Die perfekte, vorherbestimmte Form des Schicksals ...«

(Marion Zimmer Bradley: *Trapez*)

»Ich sehe mich selbst als intelligenten, sensiblen Menschen mit der Seele eines Clowns, der mich dazu zwingt, es gerade in den wichtigsten Momenten zu vergeigen.«

(Jim Morrison)

»Also des mit diese Sexzeugs, des ist immer so a Zirkus. I moach des nimmer.« – »Mei, I scho.«

(Zwei alte Damen im Bus)

In Liebe für Marcus.
Du bist mein Zuhause,
egal in welcher Stadt.

Inhalt

Auf dem Platz:
Menschen, Tiere, Sensationen

Sie hat eine Kristallkugel! Echt wahr! Wo bin ich denn hier gelandet? In Gundel Gaukeleys Wettervorhersage?

Ich versuche mich unauffällig in dem Wohnmobil umzusehen, ohne dass die Chefin, die hier »Patronessa« heißt, es merkt. Sie soll nicht noch wütender werden, der Einstieg mit ihr ist eh gründlich versaut. Ich hab es wieder vermurkst. Mensch, Billy, reiß dich mal zusammen. Der Geist war willig, aber die Möse war schwach. Passiert mir öfters. Bin ein Triebtier. Seit Minuten schimpft diese Frau mit ihrer knarzenden Stimme auf mich ein, und ich steh da wie ein Schulmädchen im Büro der Direktorin, halte meinen feuchten Schlüpfer in der Hand und überlege fieberhaft, wie ich doch noch einen guten Eindruck machen könnte. Aber für den ersten gibt es keine zweite Chance, und mich eingekeilt zwischen zwei nackten kubanischen Jungs von der Limbo-Nummer erwischen zu lassen war nicht gerade ein Glanzlicht in meiner Karriere.

Das Wohnmobil der Patronessa ist mit allem Schnickschnack ausgestattet, den man sich vorstellen kann, Flatscreen, Laptop, Smoothiemaker, Sandwichtoaster, sogar eine Powerplate steht in der Ecke. Jetzt bloß nicht daran denken, wie ihr schwammiger, überbordender Körper auf dieser Platte durchgerüttelt wird, Wackelpudding auf dem elektrischen Stuhl, sonst muss ich lachen, und dann hätte ich's endgültig verbockt. Das passiert mir leider auch öfter. »Der sittliche Ernst fehlt«, stand früher in meinen Zeugnissen. Stimmt, mit Sittsamkeit und Ernst hab ich es wirklich nicht. Irgendwann werd ich dadurch mal echte Probleme bekommen. Heute könnte es so weit sein. Dann wäre diese Show wirklich mein Ende, INFERNO heißt sie ja schon mal. Hier reicht Pipi in den Augen nicht, hier muss ich aufpassen. Über die Patronessa Karona lacht man nicht, das haben mir die eingeschüchterten Limbodancer deutlich gemacht. Noch nie hat jemand so schnell seinen Finger aus meiner Muschi gezogen. Ihr missbilligendes Räuspern hatte genügt – und zack, raus. Mit gesenkten Köpfen standen sie da, bis sie mit einem Handzeichen weggescheucht wurden und nur noch ich übrig blieb. Billy, last call for execution, please. Ich merke, wie ich trotzig werde und mich aufrechter hinstelle.

Gut, die Aktion hinter dem Artisteneingang war eine blöde Sache, ich fühlte mich gestresst, und die dunkelbraunen schweißnassen Körper sahen nach Ablenkung und Spaß aus. Und lächeln können die, meine Herrin, würde meine liebste Freundin Mara sagen, mit blendend weißen Zähnen von einem Ohr bis zum anderen. Erst haben wir nur geplaudert, das lief bei mir noch unter »Recherche«, und dafür war ich ja schließlich hier: für INFERNO backstage. Das Gras hat mich überrascht. Zwei, drei Züge an ihrem Tütchen später kam mir das Leben leicht und lustig vor wie ein Abend auf einer Kakaoplantage, mit weit entfernten Trommeln, die durch den Dschungel klangen, und einem süßen Duftgemisch aus exotischen Blüten und Schweiß ... stopp! Jetzt bin ich in einem Kolonialstil-Porno. Ich muss mich endlich auf meine Mission konzentrieren, sonst stehe ich noch morgen früh vor dem Schreibtisch der doch irgendwie Furcht einflößenden Patronessa, die ganz dunkle Augen hat, tief und schwarz wie die Hölle, und rechtfertige meine niederen Triebe.

Dabei ist es so wichtig, dass sie mich nicht nach Hause schickt.

Ich hatte dieses Jahr noch keinen einzigen Renner. Meine Erotik-Kolumne »Eros to go«, die ich fürs Stadtmagazin schreibe, läuft zwar, aber nebenher muss ich auch Hammer-Reportagen abgeben, und dieses Jahr war bisher hammerfrei. Außerdem würde mich mein Chefredakteur eh zu gerne abservieren, bei dem Stress, den wir in der letzten Zeit miteinander hatten. Er bekommt ohnehin keinen Preis für sensible Mitarbeiterführung. Er lässt mir zum Beispiel gern mal am Freitagabend von der Sekretärin ausrichten, dass er mich unbedingt am Montagmorgen als Erstes sprechen will, damit ich das ganze Wochenende überlege, was ich falsch gemacht habe und ob ich mich wohl demnächst in der Anzeigenakquise wiederfinden werde. Dieser Chef also hat mir sehr deutlich gesagt, dass die Circus-Story hier super werden muss, knallhart investigativ recherchiert. Seit meiner Abmahnung bin ich auf Bewährung. Und ich nehm ihm das nicht mal übel. Mit dem Hausmeister im Redaktionsbüro zu vögeln war einfach nur dämlich. Und mein Chef wusste ja nicht, was ich hinter mir hatte an dem Tag. Dass es gute Gründe gab, um mich mit dem Master of Mopp ein bisschen abzulenken. Ich erzähle auf der Arbeit nie Privates. Eigentlich bin ich schon total professionell – also, wenn ich nicht gerade meinen Auftrag vergesse und mich von zwei verschwitzten Artisten mit Megabodys durchficken lasse. Das war kein guter Einstand, ich bin nicht blöd, ich weiß, dass man so was nicht tut. Ich gebe mir Mühe, gleichzeitig selbstbewusst und zerknirscht auszusehen, aber diese Umgebung macht es mir nicht leicht.

Da ist der topmoderne Wohnwagen mit den Stapeln von alten Papieren und Klatschzeitschriften auf der Bank und einem halben Kuchen auf der Küchenzeile. Ich liebe Kuchen. Ich möchte in einen einziehen und mir Höhlen zum Wohnen reinbeißen. Neueste Technik überall: Smartphone-Dock, LED-Leuchten, laborweiße Teeküche. Und dazwischen diese Chefin, die aussieht wie eine Hexe aus einem Märchenfilm, leicht bucklig, mit Doppelkinn und einem Bauch wie im neunten Monat, die Fleischmassen umhüllt von einem schwarz glitzernden Zelt. Und sie trägt tatsächlich ein Kopftuch und Kreolen. Oder ist das ihr Kostüm, hatte sie vorhin einen Auftritt in der Show?

Ich versuche mich an die Abfolge der Nummern zu erinnern, es ist doch keine zwei Stunden her, dass ich als Zuschauerin im Zelt saß, aber ich kann mich an die Patronessa nicht erinnern. Das scheint ihr Privat-Outfit zu sein, vielleicht kauft sie ihre klirrenden Armreifen und das geblümte Schultertuch mit Fransen in einem speziellen Gypsie-Klischee-Laden? Und dann die Kristallkugel! Die ist gut gemacht, schicke Technik weiß ich zu schätzen, es ist nicht einfach ein umgedrehtes Goldfischglas, sondern eine massive Kugel, die über der Tischplatte schwebt, keine Ahnung, wie das geht, Magnetismus vielleicht oder eine optische Täuschung. Innen gibt es irgendeine Lichtquelle und auch Nebel, da wabert ein Unwetter durch die Kugel mit Blitzen und Wolken, das ist tricktechnisch großartig. Ich notiere mir im Kopf, dass ich mit dieser Kugel meine Reportage anfange und zum Schluss meines Artikels das Geheimnis lüfte, wie sie funktioniert. Mein Chefredakteur steht auf so was, er liebt Rätsel, wahrscheinlich lässt er sich ein Sudoku auf den Grabstein meißeln. Oder, halt, nein, da wird ein »Wollen Sie das?« eingraviert sein. Damit beendet er nämlich gerne Mitarbeitergespräche. Ich sitze vor ihm und sage, dass ich doch gerne so viel verdienen würde, um mir neben der Miete vielleicht auch eine samstägliche Packung Jaffakekse leisten zu können, und er nickt wohlwollend und sagt: »Also wenn Sie mehr Geld wollen, kann ich das machen, aber dafür muss ich einen Familienvater entlassen. Wie wäre es mit Herrn Sowieso, der hat drei Mäuse in der Schule, der müsste dann gehen. Wollen Sie das?« Er macht das so überzeugend, dass ich bisher noch immer eingeknickt bin und weiter für ein Sklavengehalt schufte und bald vielleicht nicht mal mehr das. Es wäre schon echt gut, wenn ich ihn wieder richtig begeistern könnte, ich will nicht im Archiv versauern und das Material der Kollegen abheften. Deshalb wäre es ganz blöd, wenn ich hier abbrechen müsste, kaum dass ich angekommen bin. Die Hexe darf mich nicht nach Hause schicken! Ich versuche es mit einem entschuldigenden Lächeln.

»Es tut mir wirklich leid«, setze ich an, aber sie unterbricht mich sofort.

»Papperlapapp! Machen Sie das immer so? Irgendwo ankommen und direkt den Slip runter? Erst mal rein mit 'nem Schwanz, anstatt sich anständig vorzustellen?«

Oha. Es geht ihr also gar nicht darum, dass ich es mit zwei ihrer Artisten hinter dem Hauptzelt getrieben habe. Sie ist wütend, weil ich die Hierarchie nicht eingehalten habe. Nicht meine nasse Möse stört sie, sondern meine Umgangsformen. Stimmt, das war das andere Problem. Keine Sittlichkeit, kein Ernst, kein Benehmen. Das hör ich nicht zum ersten Mal. Ich futtere, fluche und ficke wie ein Trucker, man muss es leider so sagen. Eine Dame werd ich nie. Trotzdem, ich hätte mich ja mal zusammenreißen können. Everywhere you go, always take the weather with you.

Ich senke den Kopf, fast knickse ich, aber das verkneife ich mir dann doch.

»Sie haben recht, das war sehr unhöflich von mir. Ich hätte zuerst zu Ihnen kommen und Ihnen«, ich überlege, weil mir nur das Wort »Huldigung« einfällt und ich nicht will, dass sie sich veralbert fühlt, »und Ihnen meine Aufwartung machen sollen.«

Sie lehnt sich auf ihrem Stuhl zurück.

»Ganz genau, Liebchen. Inferno ist meine Show, ich habe hier das Sagen. Ich entscheide, wer bleiben darf und wer nicht.«

Ich nicke, den Kopf immer noch gesenkt.

»Ja, Patronessa Karona.«

»Und Sie sind schließlich nicht irgendein Fick, den meine Jungs nach der Show klargemacht haben. Die beiden können gerne Zuschauerinnen bumsen, wenn sie wollen, aber Sie sollen eine Weile bei uns leben. Da müssen Sie sich schon anpassen. Und Sie werden meine Gesetze respektieren.«

»Ja, Patronessa.«

Hoffentlich sagen ihre Gesetze nicht, dass man keine Limbo-Jungs fiedeln darf. Ich habe wieder den grinsenden Kleineren vor Augen. Meine Güte, ich wusste gar nicht, dass ich auf Zähne stehe, aber seine sind so weiß, da habe ich direkt das Bild im Kopf, wie er seinen Kopf zwischen meine Beine steckt und mit diesen wunderbaren Zähnen an meinen Schamlippen herumknabbert. Eben kam es ja leider nicht dazu, aber was nicht war, kann noch werden. Ich bin notgeil, seit ich hier bin, vielleicht liegt es an dieser merkwürdigen Umgebung, die berühmte Circusluft vielleicht. Ich sollte mich auf die Patronessa konzentrieren, aber ich muss wieder daran denken, wie ich eben angekommen bin.

Die Show war der Burner, vielleicht ein bisschen arg extrem. Keine Spur vom alten Circus meiner Kindheit mit Pferdchen im Kreis, Löwenkäfigen, stolpernden Clowns und befracktem Direktor. Sehr laute Musik, harte Beats, schrille E-Gitarren, die waghalsigsten Stunts, viel nackte Haut. Immer wieder explodierte etwas, Stichflammen schossen aus Rohren, einmal krachte ein Jeep, der bisher unbemerkt unter der Kuppel gehangen hatte, mit Getöse auf den Boden, und die Artisten hechteten – scheinbar im letzten Moment – zur Seite. Und es gab diese Momente, in denen das Adrenalin runter- und die Libido hochkochte, zum Beispiel bei der Limbonummer. Ein halbes Dutzend muskulöser, kaffeebrauner Männer und Frauen tanzten ekstatisch durch die Manege, rissen sich die dünnen Stöffchen, in die sie eingewickelt waren, von den durchtrainierten, glitzernden Körpern, bis sie nur noch winzige Fellfetzen trugen, und zuckten, wirbelten und sprangen im Rhythmus der Trommeln. Dann war überall Feuer. Ohne dass ich gesehen hätte, wie es entzündet wurde, loderte die Fläche plötzlich, aber die Artisten sprangen Flickflacks hindurch, als bemerkten sie es gar nicht. Es schien ihnen auch völlig egal zu sein, dass man immer mal wieder eine Brust oder einen Schwanz sah. Dazu diese stampfende, aufpeitschende Musik, die direkt ins Blut stieg, ich fühlte, wie ich auf meinem Sitz herumrutschte und mich hypnotisieren ließ.

Direkt danach gingen die Lichter an, und die Besucher strömten benommen von dem Spektakel und der Hitze ins Freie. Mich interessierten weder der übersüße Popcornduft noch die Bratwurst-Trucks oder die Cocktail-Clowns, ich wollte die Limbotruppe suchen und sehen, ob sie auch ohne das Feuer diese Hitze verströmten. Am Artisteneingang wurde ich fündig.

Ein paar Mädchen der Gruppe schlüpften in Kimonos und gingen schwatzend in Richtung der Wohnwagen. Zwei Jungs waren übrig, ein kleiner, kompakter und ein größerer, sehr schlanker. Beide schnauften und rieben sich mit Handtüchern ab. Die Muscheln in ihren Rastazöpfen klirrten ganz leise wie ein Windspiel. Ich weiß nicht, woran es lag, vielleicht rieben sie sich für ihre Auftritte mit einem speziellen Öl ein, das ihre Haut vor Feuer schützte, aber ich konnte sie riechen, obwohl ich noch einige Meter entfernt stand, ein süßer, schwerer Kokosduft und auf jeden Fall etwas Karamell. Männer lecker wie Weihnachtsplätzchen. Ich sog tief die Luft ein, als die beiden die winzigen Plüschlendenschurze auszogen und sich zwischen den Beinen frottierten. Dass Bühnenarbeiter an ihnen vorbeigingen, kümmerte sie überhaupt nicht. Irgendwann sah mich der Größere und strahlte. Nicht wie jemand, der eine Frau anmacht, sondern so, als würde er eine alte Freundin begrüßen. Er winkte mich zu sich und warf das Handtuch auf einen Stapel. Nackt standen sie vor mir und checkten mich neugierig ab.

»Die Neue«, sagte der Kleinere, und ich fragte mich, woher er das wusste. Ich sehe ja nun nicht gerade aus wie eine Circusprinzessin, eher wie eine Bankerin, die die letzte Nacht durchgesoffen hat und durch eine Crackwolke gekrochen ist. Aber in einem Wohnwagendorf verbreiten sich Veränderungen wahrscheinlich schneller als Zuckerwatteduft.

Ich wollte etwas sagen, etwas Witziges, Schlagfertiges, Sympathisches, etwas, das nicht so rassistisch klang wie »Eure Schokokörper machen mich wuschig«, aber mir fiel nichts ein außer: »Tolle Show, ganz schön heiß«. Ich hätte mich selbst treten können. Geht es noch dämlicher? Sich wie ein Groupie hinter den Vorhang schleichen und glauben, dass die Artisten nichts Besseres zu tun haben, als mich ihre Muskeln fühlen zu lassen? Manchmal hab ich bescheuerte Ideen. Man sagt Männern ja immer nach, dass sie sich entscheiden müssen, ob sie das Blut im Schwanz oder im Kopf haben wollen, aber bei mir ist es genauso. Geilsein macht mich nicht schlauer.

Zum Glück waren sie überhaupt nicht beleidigt, lächelten nur, weiß und strahlend, und kamen näher. Der Kleinere nahm einen Joint vom Tisch, entzündete ihn und gab ihn nach wenigen Zügen an mich weiter. Ehe ich richtig drüber nachdenken konnte, saugte ich schon den süßlichen Rauch in meinen Mund. Das Zeug war wirklich gut. Ich fühlte mich leicht, frei und – nun ja, noch geiler als zuvor schon.

Ich warf den beiden einen vielsagenden Blick zu, und sie begannen mich zu betasteten. Sie mich. Behutsam und fasziniert, als wäre an mir irgendwas Bemerkenswertes. Also, ich bin schon gut in Schuss, aber spektakulär nun wirklich nicht, vor allem nicht, wenn man selbst einen Körper hat wie für einen Muckibuden-Werbespot. Sie zeigten sich ganz gefangen von mir, zogen mir die Kostümjacke aus, und dann, bevor ich so richtig wusste, was passierte, auch den Rock. Drunter trug ich nur einen Body, der im Schritt geknöpft war. Sie befühlten meine Schultern, mein Haar, ausgiebig meine Brüste, als hätten sie noch nie oder zumindest schon lange keine Frau mehr angefasst. Vielleicht war ich ihre erste Rothaarige – so wie sie meine ersten Schwarzen? Aber selbst das erklärte ihre Faszination nicht wirklich. Sie hatten mich in die Mitte genommen und drängten sich an mich. Die Hand des Kleineren rutschte über meinen Bauch, während sich der Lange meinem Hintern widmete. Ein großer, breiter Mann im Indiana-Jones-Outfit trug einen Leguan an uns vorbei. Dompteur und Echse sahen mich kurz neugierig und missbilligend an, kümmerten sich aber nicht weiter um unser Trio, und den beiden Jungs schien es sowieso egal zu sein, ob oder wer ihnen zuguckte. Die Hand tastete sich von meinem Bauch zwischen meine Beine vor und öffnete dort die Druckknöpfe des Bodys. Sie zogen ihn mir nicht aus, sondern rollten ihn nur hoch über die Brüste. Ich streifte meinen ohnehin winzigen Slip runter und ließ ihn auf meine Füße fallen. Jetzt war ich so rattig, dass es mich kein bisschen kümmerte, warum hier was passierte, ich wollte einen Finger in meiner Möse haben, von mir aus auch einen im Arsch, ich wollte, dass sie meine Nippel saugten, und dann wollte ich endlich einen Schwanz in mir fühlen, der sich in meiner glitschigen Möse vor und zurück schob, der an den Wänden meiner Scheide rieb und dessen Schaft über die Klit glitt. Sie drängten sich so nah an mich, einer von vorn, einer von hinten, dass ich kaum Luft bekam. Ich streckte die Arme hoch, damit wir noch enger stehen konnten, und ließ sie einfach machen. Ich fühlte, wie sich ein Schwanz von hinten zwischen meine Oberschenkel schob, und versuchte den Hintern etwas mehr rauszustrecken. Eine Hand kraulte meine Möse, und endlich, endlich flutschte ein Finger in meine saftige, hungrige Fotze, in der es so brannte wie vorhin in der Manege. Ich wimmerte, er solle mich jetzt ficken, wenigstens mit dem Finger, und den Handballen auf meine Klit pressen, damit es mich überfluten, meine Fut überfluten und den Brand löschen würde. Ich hörte mich selbst keuchen und Wortfetzen ausstoßen, hatte die Augen geschlossen und fühlte nur noch Finger zwischen meinen Beinen und meinen Arschbacken, kleine Bisse auf meinen Brüsten und den Schweiß, der mir den Körper hinunterlief.

Deshalb reagierte ich erst gar nicht auf dieses merkwürdige Gefühl an der Schulter. Wie ein Insekt, pickend und störend.

Ich öffnete doch die Augen einen Spalt und schielte zur Seite. Und da stand sie. Eine alte Frau, quer mal breit, schäumend vor Wut. Die Patronessa.

Ich fühle den zornigen Blick der Chefin wie einen Pfeil zwischen meinen Augen. Anscheinend habe ich wieder etwas verpasst und sage deshalb einfach mal: »Ja, Patronessa.«

Sie sieht mich stirnrunzelnd an.

»Ich habe nicht den Eindruck, dass Sie das hier ernst nehmen. Ich werde nicht dulden, dass Sie sich über uns lustig machen. Ich bin nicht sicher, ob Sie wirklich hierhergehören.«

Sie rückt ihre Fleischmassen auf dem Stuhl zurecht und hält ihre Hände mit weit gespreizten Fingern vor sich, fast bis zur schwebenden Kristallkugel. Das Ding ist wirklich gut gemacht, ich brauche unbedingt ein Foto davon. Vielleicht sogar einen Film für die Onlineausgabe. Hoffentlich lässt sie mich später eine Sitzung filmen, wenn sie mich mag – und das muss doch möglich sein, wir sind beide Frauen, die einiges hinter sich haben, Frauen weit entfernt vom Beautygirl aus den Illustrierten, so was verbindet doch. Draußen am Wagen hängt ein altmodisches Holzschild, auf dem »Wahrsagerei und Liebeszauber« steht. Hier zockt sie bestimmt verzweifelte Singles ab, das ist 'ne gute Story. Geheimnisse, Schicksale, Betrug und Liebesqual, genau das will mein Magazin. Ich muss mir unbedingt Notizen machen, hier finde ich Dutzende Themen für »Eros to go«, das kann ich fühlen. In meinen Fingerspitzen kribbelt es, wie immer, wenn ich an einer heißen Sache dran bin.

Eines wundert mich plötzlich: Der Chefredakteur und ich haben gar nicht näher abgesprochen, worum es in dieser Reportage gehen soll. Das ist ungewöhnlich, normalerweise mache ich einen Pitch vorher, und ein größeres Thema muss sogar durch verschiedene Konferenzen, aber an solche Schritte kann ich mich gerade nicht erinnern. Ich bin übermüdet, und angefickt und unorgasmisch werde ich immer ein bisschen konfus, ich weiß nur, dass ich die Show eine Weile begleiten werde, um eine Story zu schreiben. Der Aufbruch zu Hause war wohl ziemlich überstürzt, gut, das hatte auch noch andere Gründe, aber daran will ich jetzt nicht denken.

Ich konzentriere mich wieder auf die Patronessa, die mit ihren zusammengezogenen buschigen Augenbrauen in ihre Kugel starrt, eine Raupe mitten im Gesicht. Wann hat sie das Licht gedimmt? Und woher kommt dieses Summen? Bestimmt gibt es Schalter unterm Tisch. Ich versuche alles ganz genau mitzukriegen. Obwohl ich plötzlich todmüde bin und bleierne Schläfrigkeit durch meinen Körper fließt, will ich nichts von dieser Privatshow verpassen. Mir wird kalt, eine Kälte, als würden sich meine Adern in eisige Metallröhren verwandeln. So kann ich das in meinem Artikel nicht schreiben, aber so fühlt es sich an.

Nebel wabert durch die Glaskugel, es hat etwas Hypnotisches, wie sich die Rauchschwaden verdichten und wieder auflösen, ich mag gar nicht mehr wegschauen. Die Kugel bewegt sich zwei Handbreit über der Tischplatte und beginnt sich zu drehen. Sie rotiert um die eigene Achse. Kenne ich zu Hause irgendeinen Physiker, der mir den Trick erklären kann? Oder einen Kollegen aus dem Wissenschaftsressort? Es muss etwas mit Magnetismus zu tun haben, nehme ich an. Dann höre ich auf, an meine Reportage zu denken, und starre nur noch gebannt in die Kugel. Ich sehe einen Mann. Seine Augen schweben ganz groß vor mir. Stand nicht eben eine Tasse Tee auf dem Tisch? Hat sie mir was gegeben, drehe ich jetzt völlig ab? Ich kann mich nicht bewegen. Ich versuche mit den Zehen zu wackeln, aber ich bin wie eingefroren. Seine Stimme ist weit weg, obwohl seine Pupillen so nah sind, dass ich mich darin spiegeln kann.

»Auf unbestimmte Zeit«, höre ich ihn sagen. Dann nur noch Gemurmel.

Mir ist speiübel. Habe ich von dem Tee getrunken? Der Nebel löst sich auf, die Kugel rotiert langsamer, und mit dem grünen Licht verschwindet auch das Gesicht, die Kälte, die Übelkeit, das durchdringende Summen. Zurück bleibe ich, schwankend vor dem Tisch stehend, und eine lächelnde Patronessa, die meine Hand streichelt.

»Willkommen bei Inferno, Liebchen«, sagt sie, erhebt sich stöhnend und führt mich zur Tür. Ich bin ganz benommen.

»Das Orakel hat gesprochen. Du bist hier ganz richtig, Sybille. Du wirst eine Weile bei uns bleiben.«

Sie sieht mich streng an.

»Wir versuchen das mit dir. Verdirb es nicht. Ich hab heute einen milden Tag, meine Güte wird mich noch ruinieren. Also, Fräulein, du kannst dich frei auf dem Platz bewegen. Wenn es irgendwas zu tun gibt, bei dem alle helfen müssen, wirst du helfen.«

»Natürlich, Patronessa.«

»Jetzt zeigt Silvio dir deinen Wagen.«

Die Tür geht auf, und der kleinere der beiden Kubaner steht auf der Treppe, grinsend wie eben hinterm Zelt.

Sie schiebt mich die Treppe hinunter.

»Zeig ihr den alten Postwagen, mi corazón. Hilf ihr beim Putzen, sie soll sich wohlfühlen in unserer Familie.«

Schweigend gehen Silvio und ich über den dunklen Platz, vorbei am großen Zelt, das nicht Zelt heißt, sondern Chapiteau, wie er mir mit Fremdenführerstimme erklärt. »Zelt ist das auf dem Campingplatz. Beim Zirkus haben wir ein Chapiteau.«

Er erklärt mir, wie INFERNO aufgebaut ist: vorn die Kassenwagen und alles, was die Besucher betrifft, die Foodtrucks und Stände, die Toiletten, der Sanitätswagen, dahinter die Einlasskontrolle mit dem großen Chapiteau. Direkt neben dem Artisteneingang die Laster mit Requisiten und technischen Ersatzteilen. Und dann in drei Halbkreisen um das große Zelt angeordnet die Unterkünfte der Arbeiter, die sich mit dem schlechtesten Standort begnügen müssen, weil es so nah am Zelt wenig Platz und praktisch keine Privatsphäre gibt. Im mittleren Halbkreis stehen die Caravans der normalen Artisten, die für sich oft sogar kleine Gärten abgetrennt haben. Ganz außen residiert der Adel wie die Trapez-Nummern und die Künstler, die bei jedem Auftritt ihren Hals riskieren, und natürlich das riesige Mobil der Patronessa, das mit seinen ausfahrbaren Erkern eine richtige Wohnung ist. Auf der anderen Seite des Zeltes teilen sich die Dompteure den Platz mit den Gehegen für die wenigen Tiernummern, Reptilien hauptsächlich und ein paar Schlangen. Dass ich im äußeren Kreis wohne, bedeutet aber keine Auszeichnung, das wird mir klar, als ich meinen Wagen sehe: eine Bruchbude auf Rädern. Drinnen lagern sie auch die Plakate, Umschläge und Prospekte, und das Papier verbreitet einen muffig-säuerlichen Geruch. Ich würde später gern bei offenem Fenster schlafen, aber man kann die Fenster nicht öffnen, ich werde also in einem holzwurmigen Sarg wohnen. Wenigstens steht er etwas am Rand, direkt dahinter liegt ein Wald.

Obwohl Silvio so nett zu mir ist, bin ich doch froh, als wir eine gute Stunde später endlich fertig sind, er sich den Feudel unter den Arm klemmt und geht. Es war ein langer Tag. Endlich Ruhe.

Wie aufs Stichwort dringen Gekicher und Mädchenstimmen durch die Büsche und das Unterholz bis zu mir. Jemand singt, Wasser plätschert. Ich werde neugierig. Was, wenn gleich da vorn ein See ist? Kaltes klares Wasser wäre genau das Richtige nach so einem Stress. Ich seufze erwartungsvoll, bahne mir einen Weg und finde bald einen Trampelpfad in den Wald hinein. Genüsslich male ich mir aus, wie meine Füße durch Uferschlamm waten und ich untertauche, bis ich ganz bedeckt bin. Dann erreiche ich schon eine kleine Lichtung, auf der sich aber kein See befindet, sondern ein altmodischer, hölzerner Badezuber steht. Zwei nackte Mädchen sitzen darin, lachen und bespritzen sich mit Wasser, während eine Dritte einen Eimer mit Wasser aus einem Gartenschlauch füllt, auf eine Leiter steigt und ihn von oben in den Zuber gießt. Die Mädchen kreischen. Sie sind alle drei kahlköpfig, und auf ihren blanken Schädeln schimmern bunte Tätowierungen, Blumen und Vögel. Drei sexy Aliens. Ich habe sie schon in der Show gesehen, sie sind eine Kautschuktruppe und verbiegen ihre Körper in alle Richtungen. Auch hier im Wasser schlängeln sie sich umeinander. Eine reicht der anderen einen Schwamm, den sie mit den Zehen festhält, während ihr Fuß in Höhe ihres Ohres schwebt. Einer anderen fällt die Seife aus dem Zuber, und statt hinauszusteigen, lehnt sie sich zurück, bis sie über dem Rand hängt, und hebt die Seife kopfüber auf. Dabei bemerkt sie mich. Die junge Frau auf der Leiter hört kurz auf zu singen und lädt mich mit einer eleganten Handbewegung ein dazuzukommen, dann singt sie weiter. Ich kann nicht widerstehen, muss wenigstens die Füße hineintauchen, es ist so heiß, mein gesamter Körper klebt. Ich ziehe mich aus und setze mich auf den Rand.

Aber bald hält es mich nicht mehr, und ich rutsche in das kühle Wasser, tauche ganz unter und genieße den kurzen Moment der Schwerelosigkeit, bis meine Füße den Bottichboden berühren.

Als ich wieder auftauche, haben die drei Mädchen mich umringt, schlingen ihre Arme und Beine umeinander, bis wir ein einziges Knäuel aus Körpern sind. Ihre Kraft überrascht mich, ich fühle kaum Knochen, aber jede Menge Muskeln, als wäre ich mit Schlangen im Wasser. Sie bewegen sich die ganze Zeit, ich fühle Hände an meinen Brüsten und zwischen meinen Beinen, dann presst sich ein Knie auf meine Muschi, einmal fährt ein Arm zwischen meine Hinterbacken und Schamlippen wie ein großer Aal, der durch meine Beine schwimmt. Ich schließe die Augen und lasse mich treiben, gebe mich der Bewegung der Körper hin und fasse an kleine feste Brüste und pflaumenweiche Mösen. Manchmal taucht eine, ich fühle einen saugenden Mund an meiner Hüfte und dann wieder Hände an meinem Hintern. Wir umschließen uns mit den Schenkeln. Meine Möse findet ein Knie, oder ist es ein Handrücken? Jedenfalls ist der Ruck genau richtig für meinen Kitzler, ich reibe mich an dem anderen Körper, ohne zu wissen, wie wir wirklich zusammenpassen. Kleine rhythmische Bewegungen an meinem Oberschenkel verraten mir, dass eines der Kautschukmädchen ihre Möse genauso an mir wetzt. Ganz von selbst dringen meine Finger in eine warme, schlüpfrige Höhle vor, ich lasse sie dort pulsieren und konzentriere mich auf das brennende Gefühl zwischen meinen Beinen. Längst scheint das Wasser sich durch unsere heißen Körper erwärmt zu haben, es schwappt über den Rand, und wir rücken so eng zusammen, ficken, reiben und pressen uns aneinander, wie es nur geht. Über uns schwebt ein singender Ton, eine Wolke aus Lust, wir keuchen, stöhnen und japsen, werden lauter, ich reibe meine Klit noch fester an dem sehnigen Schenkel, ruckle auf und ab, immer schneller, auch die drei bewegen sich hektischer, dann kommen wir, das Gewimmel aus vier Körpern, nahezu gleichzeitig, wir explodieren, unser Höhepunkt sprengt uns auseinander und wirft uns an den Bottichrand, wo wir uns festkrallen und nach Luft schnappen. Ich werde unter Wasser gedrückt, verliere die Orientierung, bis ich plötzlich wieder auftauche, keuche, das Holz erwische und es nicht mehr loslasse. Wir dümpeln erschöpft in dem lauwarmen Wasser, schlaff jetzt, jede für sich.

Eine Weile schaue ich einfach in den dunklen Himmel. Durch die Baumkronen sieht man kaum Sterne. Da stört mich etwas im Augenwinkel, ein kleines Licht. Ich drehe den Kopf, aber es ist weg. Wenig später ist der glühende Punkt wieder da. Zweige rascheln. Jemand bewegt sich, und als ich länger hingucke, erkenne ich die massige Gestalt der Patronessa. Sie steht zwischen den Bäumen, beobachtet uns und raucht. Jedes Mal, wenn sie an ihrer Zigarette zieht, glimmt die Asche. Diese kleine brennende Zigarettenspitze erinnert mich an etwas. Ich habe sofort das dazugehörige Geräusch im Ohr, dieses Knistern, obwohl sie zu weit weg ist von uns. Das Aufglühen einer Zigarette im Dunkeln rührt etwas in mir an, irgendetwas aus meinem früheren Leben in der Stadt. Ich komm nicht drauf, ich ahne nur plötzlich, dass das, vor dem ich weglaufe, vor dem ich hierher geflüchtet bin und das ich so dringend vergessen möchte, mich vielleicht längst gefunden hat.

In der Stadt: vier Wochen vorher

Ich erinnere mich an den Tag, einen Mittwoch, an dem ich mich von Florian getrennt habe, also für mich war es eine Trennung, er sah das anders. Wenn dieses Treffen besser gelaufen wäre, wenn ich geahnt hätte, wie Florian reagieren würde, hätte ich mir vieles ersparen können. Es war das letzte längere Gespräch, so viel kann ich gar nicht kiffen oder trinken, um das zu vergessen. Er stand später noch oft bei meiner Wohnung, hinter meinem Auto oder im Park neben dem Verlagshaus, tagsüber, nachts, irgendwie war er immer da, wo ich war, aber da habe ich natürlich nicht mit ihm gesprochen. Ich wusste, dass er hinter einer Ecke auf mich wartete, und ich hatte immer Hühnerpelle am ganzen Körper, wenn es mir einfiel. Und da gab es auch noch nicht diese Anrufe, die mich weckten oder mich aus einer Konferenz klingelten. Es gab noch keine blutigen Päckchen an der Haustür, keine toten Tiere im Briefkasten, keine seitenlangen Liebesschwüre. Und meine Kollegen überbrachten mir noch keine Zettelchen oder Päckchen und verdrehten genervt die Augen.

An diesem Mittwoch hatte das alles noch nicht angefangen, es war business as usual: zu hohe Hacken, zu zottelige Haare, zu wenig Zeit zum Frühstücken. Ich hatte gerade meine Wohnungstür zugezogen, als Florian plötzlich hinter mir stand. Wenn Hollywood mal einen Untoten für einen Horrorfilm braucht, der sich plötzlich aus dem Grab hochklappt, ich wüsste da eine Superbesetzung.

Wäre er von unten die Treppen heraufgekommen, hätte ich ihn früher bemerkt, denn die Stufen der Holztreppe, die zu meiner Wohnung führt, knarzen, die kann man nicht hinaufschleichen. Aber ich hatte keine Ahnung, stand mit dem Rücken zum Flur, um meine Tür abzuschließen – nur einmal, und oft vergaß ich sogar das. Erst später habe ich damit angefangen, zweimal zu verriegeln und auch das Sicherheitsschloss zu verwenden, aber zu dieser Zeit kam ich gar nicht auf die Idee.

Ich hatte die schwere Tasche mit dem Redaktionsbeamer über der Schulter, den hatte ich mir ausgeliehen, um meine Präsentation vorzubereiten, die ich »die Tupperparty« nenne. Meinem Chef geht einer ab bei so was, er muss sich eine Reportage bildlich vorstellen können und mag nicht bloß hören, worüber wir schreiben wollen. Also hatte ich bis spät in die Nacht die Sache mit dem Circus vorbereitet, denn er war nicht sofort von der Idee begeistert gewesen. »Circus« klang für ihn nach Sägemehl und struppigen Eseln, Sahnetorten auf roten Clownsnasen, »hochverehrtem Publikum« und mit Zuckerwatte verschmierten Kindern. Ich wollte ihm klarmachen, dass diese Show anders war, laut, schrill, sexy, erwachsen und modern. Noch hatte ich sie zwar nicht gesehen, sondern nur zwei Hauptakteure interviewt, Artisten, die mit laufenden Kettensägen jonglierten, aber immerhin hieß die Show INFERNO, also waren klebrige Gemütlichkeit und poetische Seifenblasentänzer eher nicht zu erwarten. »Staunen statt streamen« lautete mein Aufhänger, runter vom Sofa und rein ins Zelt, Echtes erleben statt Serien bingen, Billy berichtet aus dem Paralleluniversum, so ungefähr dachte ich mir das.

Ein Grund, weshalb ich mein eigenes Universum verlassen wollte, war jedenfalls Florian. Der auf der Treppe über mir gewartet haben muss wie ein Perverser hinterm Busch.

In den letzten Wochen war es auch in der Redaktion nicht besonders lustig gewesen, seit meiner Abmahnung hatten mich alle auf dem Kieker. Die Männer feixten, und ich konnte ihnen ansehen, dass sie sich vorstellten, wie genau das ausgesehen hatte, der Hausmeister und ich hackedicht auf dem Kopierer. Und die Frauen waren so bitchy. Sie sagten immer wieder, ich sollte mir nichts draus machen, aber keine fragte mich, ob bei mir vielleicht irgendwas nicht rundlief, immerhin war ich schon zwei Jahre dabei und eine vorbildliche Streberin: keine Affären mit Kollegen, keine Ausfälle auf der Weihnachtsfeier. Dann wurde es zunehmend stressiger. Beruflich. Und vor allem privat. Womit wir wieder bei Florian wären. Und seinem nicht tolerierbaren Auftritt vom Abend davor. Am liebsten hätte ich gar nicht mehr daran gedacht, aber dafür saßen die Panik und die Enttäuschung noch zu tief.

Florian tauchte also plötzlich hinter mir auf, geräuschlos wie ein Geist, und fasste mich an die Schulter. Ich schrie kurz, fast wäre mir die Beamertasche runtergefallen. Er hatte Glück, dass ich ihm nicht direkt mein Knie in die Eier gerammt habe. Welcher Idiot macht das, eine Frau ohne Ankündigung, ohne sich wenigstens zu räuspern, einfach anzupacken? Was sollte das? Ich drehte mich so schnell um, dass ich fast das Gleichgewicht verlor, und da stand er.

Und sah aus, wie er eben aussah, also hinreißend. Ich war vielleicht fertig mit ihm – blind war ich nicht. Florian ist ein Hingucker, wenn man auf die jungenhaften Männer steht. Und das tue ich. Einen guten Kopf kleiner als ich, drahtig, dabei aber irgendwie quadratisch, wie ein Playmobil-Männchen. Immer in Bewegung, als müssten seine Muskeln ununterbrochen etwas zu tun haben. Auch jetzt hibbelte er von einem Fuß auf den anderen. Und dann diese Augen: dichte Mädchenwimpern und in den Pupillen ein intensives Grau, zu dem mir, wenn ich daran dachte, immer nur kitschige Metaphern einfielen. Gischt auf Meeresbrandung, Nebel im Kensington-Park, weit entfernte Berge, Winterlicht frühmorgens, das Fell einer weichen Kartäuserkatze. Wahrscheinlich hatte ich mich in seine Augen verliebt, in das Strahlen, wenn er eine Idee hatte und das man selbst im Halbdunkeln sehen konnte. Als wir in unserer ersten Nacht zusammen durch das verlassene Parkhaus und später durch die leer stehende Villa gelaufen waren, hatte ich das wieder bemerkt, dieses Leuchten, wenn er über die Schulter sah, darauf achtete, dass ich mitkam und dass ich nirgendwo hintrat, wo es gefährlich war, in diesem Leuchten hatte ich mich gesonnt. Und auch seine Haare fand ich immer noch scharf. Meine Eltern hätten einen Herzinfarkt bekommen, wenn ich ihnen Florian vorgestellt hätte – was wieder für ihn sprach. Die Seiten waren ausrasiert und der Rest der dichten Locken oben auf dem Kopf zu einer Mischung aus Landing Strip und Irokesen gebürstet. Und dunkellila gefärbt. Zusammen mit den schwarzen Lederklamotten sah er aus wie der Held eines Marvel-Comics, nur nicht so düster, sondern niedlich mit seinem eher hübschen als markanten Gesicht. Sweet Flori, der Night Runner: Eben noch beglückt er einsame Erotikjournalistinnen mit seiner Zungenfertigkeit, und dann jumpt er schon wieder über Garagendächer und durch Vorgärten auf der Suche nach Abenteuern, Motiven für ein YouTube-Video oder einer verängstigten Katze, die er vom Baum klauben kann. Als wir uns kennengelernt hatten, hatte ich sogar überlegt, ihm eine meiner

»Eros to go«-Kolumnen zu widmen, nach dem Motto: Ein neuer Typ Mann ist in der Stadt, schräg, sanft, ganz anders als die bärtigen Holzfäller-Hipster, die ich immer schon so unfickbar fand mit ihrem künstlichen Hinterwäldler-Macho-Style. Aussehen wie ein Bärentöter, aber keinen Reifen wechseln wollen, weil die Fingernägel frisch manikürt sind, lächerlich.

Es war schwierig, diesen unglaublich süßen, verlegen lächelnden, sanft blickenden Florian mit dem rücksichtslosen, bescheuerten Arsch von gestern Nacht übereinzubringen.

Er hielt einen Korb in der Hand, in dem neben einem Strauß weißer Tulpen auch eine Flasche Sahne, Marzipanpralinen und ein Karton mit Eiern lagen. Ich hab diesen Spleen mit weißen Dingen, und es war typisch für ihn, dass er sich dazu etwas ausdachte. Er hielt mir den Korb hin.

»Ilsebill, meine Schöne. Ich wollte mich entschuldigen wegen gestern Nacht. Es tut mir wirklich leid, dass du dich so erschrocken hast. Mir war nicht klar, wie empfindsam du bist, das hätte ich besser wissen müssen«, sagte er und schwieg.

Das regte mich schon wieder auf. Was heißt denn hier »empfindsam«? Als ob ich spinnen würde. Er hatte sich falsch verhalten. Falsch, falsch, falsch. Das war keine Interpretationssache, und ich war ganz sicher nicht »empfindsam«. Wer bitte findet das cool, nackt hinter einem Sofa in einem Abbruchhaus zu sitzen, während fremde Männer einbrechen, und der Freund verpieselt sich durchs Fenster?

Ich wartete ab, ob da noch mehr kommen würde, und es gab eine peinliche Pause.

Gegen meinen Willen stieg Enttäuschung in mir hoch. Er hatte also nicht begriffen, warum sein Verhalten unmöglich gewesen war, er wollte nur für gutes Wetter zwischen uns sorgen, sah aber nicht ein, wo das Problem lag. Jetzt stand er hier mit seinem Korb, eine Art männliches Rotkäppchen, niedlich und schuldlos, und wenn ich nicht direkt begeistert reagierte, war ich die große böse Wölfin. Mich kotzte diese Masche an.

»Das sind Anregungen für ein Wiedergutmach-Date«, lächelte er schließlich breit. »Die Eier, falls du Zeit hast, mit mir zu frühstücken und später in die Redaktion zu fahren. Die Pralinen, falls wir uns nachmittags im Park treffen wollen, bevor du deinen Termin mit dem Chef hast. Und die Sahne, falls dir eher nach nächtlichen White Russians ist. Weißt du noch, diese Nacht, als es so heiß war und wir draußen auf deinem Balkon geschlafen haben? Wir waren ziemlich betrunken von diesem Zeug und lagen nackt in deiner Hängematte ...«

Ich unterbrach ihn mit einer Handbewegung.

»Florian ...« Ich wusste nicht, was ich sagen sollte, und stammelte herum.

»Das ist ja alles nett, was du dir da ausgedacht hast, aber ich muss wirklich los. Und ...« Ich seufzte. Ich hasse solche Gespräche. Wie machte er das immer? Er veranstaltete so einen Quark, und ich war dann die Bitch, wenn ich nicht einknickte und ihm nicht direkt um den Hals fiel, sobald er mit Tulpen aufkreuzte.

»Und außerdem reichen ein paar Eier und Tulpen wohl kaum. Das war Scheiße gestern.«

Er nickte schuldbewusst.

»Du warst nie in Gefahr, aber ich sehe ein, dass die Situation dich überfordert hat. Ich hätte bei deiner Panikattacke anders handeln müssen.«

Panikattacke? Ich konnte es nicht fassen. Wie ging es denn an, dass er und ich, die Frau, die er angeblich so liebte, in völlig verschiedenen Filmen unterwegs waren?

Nicht, dass zwischen uns immer alles tutti gewesen wäre. Nicht nur die Sache, als ich in meinem Dielenkabuff eingeschlossen war – er hat ja immer abgestritten, dass er es getan hatte –, sondern auch seine Eifersucht.

Anfangs war ich noch geschmeichelt und hielt es für ein Zeichen besonderer Leidenschaft, aber irgendwann wurde es unübersehbar, dass wir ein echtes Problem hatten. Korrigiere: dass er ein echtes Problem hatte.

Meine Güte, ich bin Erotik-Journalistin, ich muss dafür sorgen, dass die Leute mich mögen, damit sie mit mir über Intimes sprechen. Manchmal flirte ich eben ein bisschen, das gehört dazu. Wie beeindruckt man sonst Kettensägen-Jongleure? Hätte ich mit ihnen über Fracking diskutieren sollen? Oder ihnen eine Schwarzwälder Kirschtorte backen, damit sie begeistert von meiner Puddingschicht sind und mich in die Show einladen? So funktioniert das nicht! Man muss für ein Gespräch über Sex die Menschen da abholen, wo sie stehen. Bei den beiden Jungs ging das eben körperlich am einfachsten. Ich wollte sie nicht vor den Kopf stoßen, sondern mit ihnen darüber reden, was an den Klischees vom freizügigen fahrenden Volk wirklich dran ist. Das Thema war eh schon eine Gratwanderung. Ich bin ja nicht mit ihnen ins Bett gegangen oder hab mir auch nur die Klamotten vom Leib gerissen. Ja, ich habe ein bisschen geflirtet und ihre Muskeln begutachtet, und, ja, einer von den beiden hat mich dann über seinen Kopf gestemmt. Das gab nebenbei gesagt ein Superfoto für den Artikel. Artist jongliert mit Journalistin statt mit Kettensäge. So was macht meinen Chef horny. Aber Florian nicht. Der war plötzlich aufgetaucht, wie jetzt hier im Treppenhaus. Offenbar hatte er sich meinen Termin aus meinem Kalender gezogen. Den führte ich online, und er kannte das

Passwort, damit er plötzliche Planänderungen mitkriegte und wir weniger Stress hatten, wenn ich mal kurzfristig absagen musste. Und manchmal konnte ich eben nicht absagen. Da sah er doch im Kalender, dass was dazwischengeraten war. Ich bin beruftstätig, Himmelherrgöttin, und leider keine Odaliske, die sich den ganzen Tag in Seidenlaken rekelt und darauf wartet, dass der Gebieter nach Hause kommt. Ich muss meine Miete bezahlen.

Solche Situationen gab es immer wieder mit ihm. Und die Nacht gestern, in der er mich so im Stich gelassen hatte, war nur die Krönung. Unverzeihlich. Und ich bin ganz sicher nicht hysterisch!

Ich atmete tief durch, um die hochsteigende Wut in mir runterzukochen. Wenn ich mich jetzt aufregte, würde das Ganze wieder megastressig, das konnte ich vor der Themenkonferenz brauchen wie Herpes. Das war ein wichtiger Tag. Der Tag, an dem ich mein Leben änderte. Na ja, zumindest ein bisschen. Die Reportage über den Circus würde mich, wenn ich sie durchkriegte, mehrere Wochen aus der Stadt bringen, endlich mal was Neues, neue Geschichten, neue Leute. Und Florian ... bisher hatte ich immer gedacht, die Pause würde uns guttun. Aber in der letzten Nacht, in der ich solche Angst gehabt hatte, war mir klar geworden, dass das nicht stimmte. Eine Pause würde nichts helfen. Florian würde sich nie ändern. Wenn ich diese Reportage machte, wäre ich weg, nicht bloß für eine Weile aus der Stadt, sondern für immer aus seinem Leben. Das war's mit uns. Wir hatten schöne Zeiten am Anfang, heiß und aufregend, aber jetzt war es vorbei. Nur eintrichtern musste ich ihm das noch.

Er sah mich unsicher an und versuchte in meinem Gesicht zu lesen, was ich dachte. Plötzlich tat er mir leid. Die Aktion mit diesem Korb war sweet, und vielleicht lag die Wahrheit wie immer nicht nur bei mir oder nur bei ihm, sondern in der Mitte. Vielleicht hatte er eine gute Erklärung für mich, mit der ich verstehen könnte, was in dem Abbruchhaus in ihm vorgegangen war, als er mich nackt hinter einem Sofa sitzen ließ. Ich wollte immer noch mit ihm Schluss machen, aber ich musste ihm ja nicht mehr wehtun als unbedingt nötig. Ich wollte keine verbrannte Erde hinterlassen.

Ich checkte im Kopf die Termine des Vormittags. Die ließen sich notfalls verschieben. Hauptsache, zur Konferenz war ich da und konnte meine Geschichte vorstellen. Ich nahm Florian endlich den Korb ab.

»Reden wir«, sagte ich, und sein Gesicht hellte sich schlagartig auf. Er strahlte mich an, und ich musste an den Golden Retriever einer Freundin denken, wenn sie mit der Leckerchendose rappelt.

»Komm mal rein, ich klingel in der Redaktion durch, dass es etwas später wird.«

Er war ganz aus dem Häuschen. Hier lag der Wendepunkt. Alles wäre anders gekommen, wenn ich ihn weggeschickt hätte. Hab ich aber nicht. Das ist mein bescheuertes Reporterinnen-Gen. Ich will wissen, warum Dinge so passieren, wie sie passieren. Und außerdem wollte ich kein Miststück sein. Da haben hundert Jahre Emanzipation nichts genutzt, in dem Punkt bin ich ein dummes Frauchen, bloß nicht aggressiv streiten, immer schön harmonisch bleiben. Zum Kotzen. Vorsatz fürs nächste Jahr: bitchiger werden. Kein Smileygesicht mehr, wenn es nichts zu grinsen gibt. Männer können das auch, also Schluss mit nett-adrett.

Ich ließ ihn in die Küche, wo er sofort eine Pfanne auf den Herd stellte und die Eier in eine Schüssel schlug. Ein Abschiedsomelette, gut. Und danach würde es vorbei sein, dachte ich.

Danach war es nicht vorbei.

Wir aßen, und er sagte immer wieder, wie sehr er mich liebe, wie schön ich sei, wie witzig und begabt, und dass wir uns vielleicht noch aufeinander einschwingen müssten, um solche Missverständnisse in Zukunft zu vermeiden. Dass es ganz normal für zwei Menschen sei, unterschiedlich viel Sicherheit zu brauchen und Risiken anders einzuschätzen, und dass das vielleicht auch mit unseren Elternhäusern zusammenhinge. Das war der Moment, als ich die Faxen dicke hatte. Elternhäuser, was denn noch? Paartherapie? Ich hasse dieses Geschwafel, dass man an einer Beziehung arbeiten muss, meine Güte, Liebe ist doch kein Bergwerk. Wenn man anfangs schon nicht happy miteinander ist, wird das nix mehr, das muss man dann einsehen. Trial and Error. Fick und weg. Ich hatte so was von keine Lust mehr auf Reden. Er sollte einfach aufhören, mir zu erzählen, dass wir nur ein Missverständnis hatten. Vielleicht konnte man die Tatsache, dass ich nackt hinter einem Sofa gekauert und Angst gehabt hatte, gleich vergewaltigt oder erschossen zu werden, noch als Missverständnis werten, aber was war mit dem Zuckerdrink, den er mir vorher auf dem Parkplatz gegeben hatte? Bildete ich mir das auch ein?

Und plötzlich passierte etwas Merkwürdiges in meinem Kopf: Schizo-Billy brach durch. Eine kleine, flüsternde Stimme, die mich darauf aufmerksam machte, wie unglaubwürdig sich das, was ich da erlebte, anhörte. Drogen verabreicht, fremden Männern ausgeliefert …? Dabei war alles so verschwommen in meiner Erinnerung. Eher wie ein Film, den ich mal gesehen hatte, weniger wie eine echte Erinnerung. Was, wenn ich auf dem Holzweg war? Die Ampulle im Auto konnte alles Mögliche gewesen sein. Und im Abbruchhaus war ich so high, vielleicht schätzte ich das Ganze völlig falsch ein?

Und schließlich kam ich auf die dümmste Idee von allen. Der Oscar für den bescheuertsten Einfall geht mal wieder an ... Billy, Queen of Quark. Wenn man mich in die Ecke treibt, hab ich manchmal einfach Kurzschluss im Hirn. Zonk und Blackout. Ich hatte, während er sich in einen Laberflash reinschwafelte und seinen Frauenzeitschriftpsychomüll bei mir ablud, einige Ideen gehabt. Die Pfanne mit den Omeletteresten über ihm auszuleeren. Seinen Kopf ins Spülbecken zu halten und das kalte Wasser aufzudrehen. Einfach zu schreien, so laut ich konnte, bis er endlich ging. Einfach zu sagen: »Es ist alles meine Schuld, du hast total recht, ich bin verkorkst, ich bilde mir nur Mist ein, und die beiden Jongleure hab ich auch gefickt, ich bin so, ich ficke alles, was nicht bei drei die Kettensäge weggelegt hat, is'n Kindheitstrauma, ich werd rattenwuschig, wenn ich Gartengeräte sehe. Ich mach 'ne Therapie, und du gehst jetzt, damit ich mich auf meine geistige Gesundheit konzentrieren kann.«

Aber leider tat ich all das nicht. Ich kaute und hörte zu, während er mir erzählte, ich hätte eventuell Bindungsangst, und er würde auf mich Rücksicht nehmen und mich abholen, wo immer ich emotional stünde. Ich wollte nicht abgeholt werden, ich wollte nur noch, dass er endlich aufhörte, mir ein Ohr abzukauen. Und vor allem wollte ich nichts zu dem therapeutischen Wortdurchfall sagen müssen.

Also räumte ich die Teller weg, ging um den Küchentisch herum, zog mir den Slip aus und setzte mich direkt vor Florian auf die Kante. Zeig einem Mann deine Mumu, und die Wahrscheinlichkeit ist groß, dass er die Sabbelluke hält. Florian konnte so viele Binsenweisheiten aus den Beratungsforen wiederkäuen, wie er wollte, er blieb ein Schwanzträger. Und ich war heilfroh, dass dieses unerträgliche Geblubber damit beendet war.

Erst war er einfach aus dem Konzept und wusste nicht so recht, wie er reagieren sollte. Das gefiel mir, da hatte ich wieder die Oberhand, ich bestimmte, wie das hier lief. Lieber kontrolliert ficken als ausgeliefert zugelabert werden. Junge, du bist so leicht zu durchschauen. Also langte ich mit den Fingerspitzen in die weiche Butter und strich sie in meine Mösenspalte, rauf und runter, bis meine Ritze glänzte und Florian nicht mehr wegsehen konnte. Ich stellte den Fuß auf seine Schulter, damit er noch bessere Sicht hatte. Ich umkreiste meinen Kitzler.mit dem Mittelfinger und ließ ihn dann tiefer-rutschen und mit der Kuppe in meinen Möseneingang eintauchen. Ich steckte mir den Finger nicht ganz hinein, nur ein Stückchen, und fickte mich mit kleinen, schnellen Bewegungen. Durch die Butter war alles so glitschig, dass ich dabei leise schmatzende Laute machte. Florian beugte seinen Kopf näher zwischen meine Beine und öffnete seine Hose. Sein Schwanz stand schon aufrecht, er befreite ihn aus der Unterhose und fing an, sich zu wichsen.

»Meine Fotze ist ganz heiß«, flüsterte ich und ließ meinen Finger am Scheideneingang rotieren. »Willst du mir nicht deinen Schwanz reinstecken? Ich würde meine Klitti reiben, siehst du?« Mein Finger verließ seinen Platz und fuhr die Spalte hoch.

»Hier ist es besonders gut. Wenn ich da drauftippe und du mich gleichzeitig fickst, komm ich bald. Willst du das nicht tun für mein Fötzchen?«

Er grunzte. Ich langte hinter mich und fummelte ein Kondom aus meiner Handtasche. Immer gut, wenn man vorbereitet ist. Ich gab es ihm und bog mich zurück auf den Küchentisch.

Florian stand auf, und ich legte meine Füße über seine Schultern, aber er fasste unter meine Beine und spreizte sie weiter.

»Ich will sehen, wie ich deine Punze ficke.«

Ich war kurz überrascht, dass er so schnell umschalten konnte von Labersack zu Dirty Talker, aber mir war es nur recht.

»Meine geile Punze willst du sehen?«, stieg ich ein.

»Ich fick dich durch, bis du tropfst«, sagte er heiser, setzte seine Eichel an meinen Möseneingang und drückte mir seinen Schwanz in die Muschi. Er glitt hinein, als wären wir füreinander gemacht. Das muss man sagen, unsere Körper kamen perfekt miteinander aus, kamen sie immer schon. Ich stöhnte laut und legte mir die butterfettigen feuchten Finger auf den Kitzler.

Mit der anderen Hand griff ich tiefer und fasste nach seinen Eiern. Er schloss die Augen und stieß kehlige Laute aus, während er mich langsam fickte. Er zog seinen Schwanz dauernd fast ganz aus mir heraus, um ihn dann im letzten Moment wieder hineinzuschieben. Er wurde schneller, und ich verstärkte den Druck meiner Finger auf der Klit. Ich war so nass, dass ich fast überfloss, sein Schwanz rutschte in meiner Möse hin und her, ich hatte das Gefühl, sie würde heißer und heißer.

»Sag, dass du kommen willst«, befahl er mir.

»Bitte fick mich fertig«, stöhnte ich.

»Deine Fotze braucht das«, raunte er, »deine Fotze will gefickt werden.«

Ich zog etwas fester an seinen Eiern, spreizte die Beine so weit ich konnte, und ließ den Orgasmus über mich hinwegrollen. Wie durch Watte hörte ich mich selbst schreien, bei jedem Schrei stieß sein Schwanz in mich, und eine neue Welle überflutete mich.

Florian bäumte sich auf und schüttelte sich, als wäre er ein nasser Hund.

Mit Florian zu ficken war schon immer der beste Teil unserer Beziehung. Unsere Köpfe passten so gar nicht zusammen, unsere Körper schon. Und ich fand den Gedanken tröstlich, dass wir diese Sache mit etwas Angenehmem beendet hatten. Jetzt konnten wir uns beide an den letzten Fick erinnern und dabei vielleicht leise seufzen.

Florian dachte aber gar nicht daran, leise zu seufzen, er lachte laut. Das tat er oft nach dem Sex, sein Schwanz steckte noch in meiner Muschi, und er fing triumphierend an zu wiehern, als hätte er Lachgas inhaliert. Ich war augenblicklich wieder angepisst. Fast hätte ich ihm da gesagt, dass zwischen mir und den Kettensägenboys schon ein bisschen mehr gelaufen war – einfach um ihn zu ärgern. Ich hatte nicht bloß ihre Muskeln gefühlt, sie hatten auch meine Brüste anfassen dürfen, das war ja nur gerecht. Die harten Waschbrettbäuche tätschelte ich zur Recherche. Rein beruflich. Wie man trainieren muss, um so auszusehen, stand später auch im Artikel. Gute Stimmung ist wichtig bei einem Interview, also blödelten wir rum, die zwei waren locker, es machte Spaß mit ihnen. Ich bin noch jung, darf ich nicht mal Spaß haben? Muss immer alles gleich superernst und bedeutungsschwanger sein?

Sie zeigten mir ihre Knackärsche, ich lupfte meinen Rock und ließ sie meinen Po betasten. Wann hat man schon die Chance, einen Tipp fürs Work-out von solchen Vollprofis zu bekommen? Sie rieten mir zu Squats, zeigten mir die korrekte Haltung, und als sie mich dabei korrigierten, rutschte wohl auch mal eine Hand zwischen meine Beine, wir waren doch erwachsen. Aber Florian holte gern die Moralkeule raus und mutierte zur Spaßbremse.

All das sagte ich ihm aber nicht, sondern schob ihn aus meiner Möse, vom Küchentisch runter und dann aus meiner Wohnung, während er immer wieder »Ich bin so glücklich, Ilsebill, jetzt wird alles gut« stammelte. Ich widersprach nur deshalb nicht, damit ich endlich allein sein konnte.

Als ich abgeschlossen hatte, lehnte ich mich gegen die Tür und hörte ihn die Treppe hinunterspringen und pfeifen. Für einen Abschiedsfick war das miserabel gelaufen.

Ich ahnte nicht, wie miserabel.

Auf dem Platz: 380 Volt

Nachts über einen Circusplatz zu gehen fühlt sich an, als wäre man in einer anderen Welt gelandet.

Wenn die Besuchermassen das Zelt und den Parkplatz verlassen haben, wenn die letzten Artisten-Groupies, die es offenbar in jeder Stadt gibt, ihre Blow- und Handjobs erledigt haben und sich mit den Schuhen in der Hand auf die Suche nach einem Taxi machen, wenn die bunten Lichter im Eingangsbereich zusammen mit der Musik abgeschaltet werden, gibt es einen Moment der Stille. Alle halten den Atem an, als würde sich eine große Glaskuppel über die Zeltstadt senken. Endlich ist man nach einem langen, harten Arbeitstag unter sich.

Dann beginnt das Gewusel zwischen den Wohnwagen und Caravans.

Grills werden angeworfen, überall plärren Radios, nackte Menschen duschen im Freien unter Gartenschläuchen, letzte Gerätschaften werden verstaut, die Tiere gefüttert, die Artisten sitzen zusammen, die Zeltarbeiter starren in kleine Fernseher. Meistens bleiben die drei Schichten unter sich.

Direkt nach meiner ersten Vorstellung, in der ich gebrannte Mandeln verkauft, die Besucherklos gewischt und dem schweigsamen Indiana Jones geholfen habe, seine Reptilienkäfige zum Artisteneingang zu schieben, sind mir drei Dinge aufgefallen:

Das WLAN funktioniert nicht, und zwar auf dem ganzen Platz nicht. Irgendwie stört das niemanden. Zweitens habe ich keinen Handyempfang, aber am Stadtrand, halb im Wald, ist das vielleicht normal. Die INFERNO-Arbeiter benutzen Walkie-Talkies. Ich beschließe, mich nicht aufzuregen und es als Enthaltsamkeits-Challenge zu sehen. Ein paar Wochen ohne Internet werden mich nicht umbringen. Das Dritte, was ich merkwürdig finde: Es gibt keine Kinder, kein einziges. Das wundert mich zwar, stört mich aber nicht, so spannt mich wenigstens niemand als Babysitter ein.

Ich war zwischen den schon geschlossenen Foodtrucks und dem Bretterzaun, der die Wohnwagen von den Besucherbereichen trennt, als erst die Musik ausging und die Stille so plötzlich eintrat, dass es fast in den Ohren wehtat. Dann verlöschten schlagartig alle Lichterketten und die Flutlichter auf dem Parkplatz. Orientierungslos schwebte ich in einer dunklen, lautlosen Blase, bis das erste Radio zu dudeln anfing und ein gelber Lichtschein durch den Bretterzaun fiel und jemand »He, Panienka, chodz juz« rief.

Alle sind auf den Füßen. Tagsüber hatte ich mich schon gewundert, wie wenig man von den Artisten und Arbeitern sah, aber jetzt sitzen sie alle draußen, stehen in Grüppchen zusammen und reden, warten vor dem Wasserschwall eines Gartenschlauches auf ihre Dusche oder massieren sich gegenseitig. Die Frauen zeigen ihre blanken Brüste, viele Männer haben gar nichts an. Ich sehe zwei wild knutschende Jungs in einem Vorgarten und ein Pärchen, das es auf der Treppe ihres Caravans treibt, die Frau auf allen vieren, der Mann stoßend hinter ihr. Ihre Brüste schaukeln bei jedem Stoß, und beide teilen sich beim Vögeln eine Tüte Rumkugeln, die sie immer hin und her reichen. Die anderen gehen vorbei, sehen ihnen zu oder auch nicht. Ich bin nun wirklich keine Nonne, aber das wäre selbst mir zu wenig Privatsphäre.

Eine merkwürdige Hitze hat den Platz ergriffen.

Ich bin klebrig und verschwitzt. Während des ganzen Tages war es schwül gewesen, aber jetzt im Dunkeln steigt ein Glühen vom Boden auf und dringt in jede Pore ein. Ich fühle mich wie ein Dönerspieß im Grill. Dieses Fieber scheinen auch die anderen zu spüren. Die Kassenfrau geht durch eine Gruppe Zeltarbeiter, die nach ihr greifen und ihr einen wassertriefenden Schwamm aus einem Eimer hinhalten, und sie lässt sich von ihnen ausziehen und abwaschen. Ich gehe in den zweiten Kreis und treffe die Besteckschluckerin, ein Sidekick der Kettensägenjongleure. Die Jungs schleudern die schweren Maschinen in die Luft und fangen sie wieder auf, und zwischen den Würfen schlingt sie Gabeln, Löffel und Messer hinunter, erst kleine Buttermesser und später dann gewaltige Tranchiersäbel. Ich muss sie unbedingt fragen, wie sie das hinkriegt, aber ich will nicht gleich nerven, sondern mich erst mal einleben. Die Mädchen von der Pyronummer, die auf einem brennenden Trampolin Salti schlagen und darauf herumhüpfen, als würde ihnen das Feuer überhaupt nichts ausmachen, schieben ihr großes rußiges Sprungtuch ins Gerätezelt. Einer der 380-Volt-Brüder hilft ihnen, der andere schleppt einen Trafo. Sie haben noch vor wenigen Stunden während der Vorstellung scheinbar an ein Starkstromkabel gepackt, bis ihnen die Haare zu Berge standen und Rauchwölkchen aufstiegen. Das muss Fake sein, das überlebt kein Mensch, täglich zweimal gegrillt zu werden. Und doch sah es unglaublich echt aus. Irgendwer wird hinter den Kulissen den Trafo regulieren, sodass nur Strom fließt, wenn sie ihre riesigen Industriescheinwerfer wie in alten Zeiten mit Knall und

Funkenflug zum Bersten bringen, aber nicht, wenn sie selbst daran fassen. Nachdem alles verstaut und das Gerätezelt abgeschlossen ist, schnappt sich jeder der Brüder ein Trampolinmädchen, die kreischen, lachen und strampeln, als sie ausgezogen und auf einen leeren Käfig gesetzt werden.

Ich bleibe stehen und sehe ihnen zu.

Es ist erstaunlich, wie synchron die Brüder vögeln können. Sie legen die Mädchen mit dem Rücken auf den Käfig und halten ihre gestreckten Beine gespreizt in die Höhe. Ihre Köpfe senken sich. Mit breiten Zungen lecken sie durch die Mösenspalten und verpassen den Mädchen Knutschflecke auf den Oberschenkeln. Sie fummeln sich Kondome aus den Hosentaschen, stehen dann zum genau gleichen Zeitpunkt mit nackten Hintern da und schieben ihre Schwänze in die Mösen. Sogar ihr Fickrhythmus ist synchron, ihre Schwänze gleiten raus und rein, als hätten sie es jahrelang geprobt. Die öffentliche Nummer eben scheint kein Einzelfall gewesen zu sein. Wahrscheinlich verliert man durch das ständige Zusammensein jegliches Schamgefühl.

Ein Zeltarbeiter stellt sich neben mich, reicht mir eine Tüte gebrannte Mandeln und deutet mit der flachen Hand zwischen meine Beine. Ich öffne den Knopf meiner Shorts, soll er mich ruhig ein bisschen befummeln, während wir hier stehen und die beiden Paare beim Ficken beobachten. Die Hand in meiner Shorts passt sich an und reibt meine Muschi, und ich stelle mir vor, wie es wäre, wenn dieser Zeltarbeiter mir jetzt die Shorts herunterzieht, mich gegen den Käfig drückt und mich von hinten nimmt, mir seinen Schwanz hineinrammt und mich durchfickt. Aber er macht keine Anstalten, sondern wichst mich weiter, genau im Takt der beiden Brüder. Die Trampolinmädchen haben inzwischen die Knie angezogen und jeweils eine Hand auf den Kitzler der anderen gelegt. Sie fiedeln sich, während sie von den Brüdern gefickt werden, das macht mich geil und nass. Aber erst mal kommt es den Trampolinmädchen. Ihre kreisenden Finger auf den Klittis werden schneller, die Stöße der Brüder passen sich an, und dann stocken alle vier und genießen lautlos ihre Orgasmen, bis die Mädchen anfangen zu kichern, sich unter den Brüdern wegschlängeln, vom Käfig springen und davonlaufen. Ich sehe ihnen nach, auf ihren Hinterbacken und Rücken sind tiefrot die Abdrücke der Käfigstangen. Die Brüder klatschen sich ab, pellen sich die Kondome vom Schwanz und stellen einen Gartenschlauch zum Duschen an. Auch mein Fingerer zieht die Hand aus meiner Shorts und geht einfach weg, obwohl ich noch nicht gekommen bin.

Ich möchte jetzt eigentlich nur schnell ins Bett und mich in Ruhe zu Ende wichsen zur Entspannung und dann kurz in den kühlen Zuber hinten im Wald. Und ganz sicher steht keine Seelsorge auf meinem Pflichtenzettel, aber als ich das eine Kautschukmädchen allein heulend unter einem Baum sitzen sehe, kann ich schlecht einfach vorbeigehen. Ich hocke mich zu ihr. Sie ist in einen bunten gesteppten Bademantel mit großen Blumen gewickelt und weint stumm. Leise wiegt sie ihren Oberkörper vor und zurück. Ich lege meinen Arm um sie und ziehe sie an mich. Ihr Körper ist dünn und leicht, als bestünde er aus Pappmaschee. Wir bleiben eine Weile so, sie schluchzt an meiner Schulter. Ich frage nichts und sage auch nicht »Das wird schon wieder« oder ähnlichen Schwachsinn, das hat noch niemandem geholfen. Wenn sie reden will, wird sie das tun. Nach einer Weile flüstert sie: »Ich halte das nicht mehr aus. Ich bin seit hundert Jahren unterwegs.«

Vorsichtig, damit ich sie nicht verschrecke, tätschle ich ihre Schulter.

»Wenn die Saison vorbei ist, kannst du ja nach Hause und erst mal ausruhen. Und dir in Ruhe überlegen, was du weiter machen willst.«

Sie schüttelt den kahlen, bunt tätowierten Kopf.

»Nee, geht nicht. Zu Hause ist niemand.«

»Hast du keine Eltern mehr?«

Das kann ich mir kaum vorstellen, sie ist doch keine zwanzig.

»Meine Mama war schwer krank. Sie hat nur noch gestöhnt, laut, den ganzen Tag und die ganze Nacht. Und da hab ich ihr Medikamente gegeben. Also, zu viel. Und dann hat sie nicht mehr gestöhnt.«

Sie weint wieder heftig. Ich bin mir nicht sicher, ob ich das richtig verstanden habe. Hat sie mir gerade gesagt, dass sie ihre Mutter umgebracht hat? Das kann doch nicht stimmen. Wenn dieses Mädchen schon so lange bei der Show ist – und ihr sehniger Körper sieht danach aus, ihr Gesicht ist zwar jung, aber sie besteht nur aus Muskeln, sie macht diese Kautschuknummer nicht erst seit ein paar Monaten –, dann war sie noch ein Teenager. Ein Kind hätte man nicht mit der Pflege einer schwerkranken Mutter alleingelassen, das gibt's gar nicht. Ich beschließe, nicht nachzufragen. Erstens bin ich überfordert mit diesem Gespräch, und zweitens macht es mich jetzt schon so traurig, dass mir ein großer Kloß im Hals sitzt.

Also fasse ich sie einfach ein bisschen fester und bleibe mit ihr sitzen, bis sie sich beruhigt hat. Nach einer Weile wischt sie sich das Gesicht ab und rückt ein Stückchen von mir weg.

»Du erzählst keiner Seele, dass ich so traurig war und dass ich dir was gesagt habe«, bittet sie mich, »schon gar nicht der Patronessa!«

Ich nicke. Warum sollte ich bei der Chefin petzen? Ist das vielleicht eine ihrer Platzregeln? Keinesfalls niemals nicht unter Bäumen heulen?

»Von mir erfährt's keiner.«

Das Kautschukmädchen steht auf, schnieft mir noch ein »Danke« entgegen und verschwindet zwischen den Wagen.

Ich fühle mich plötzlich so allein, dass ich es kaum aushalte, gehe zu meinem Wagen und suche nach meinem Handy. Weiterhin kein Empfang. Na super. Vorn auf dem Parkplatz gibt es eine Telefonzelle, aber die ist so alt und schrammelig, wer weiß, ob die überhaupt funktioniert. Vor allem will ich aber den Platz nicht verlassen. Ich werfe mein Handy, das nutzlose Teil, auf die Schaumstoffmatratze, setze mich auf die Stufen vor meiner Tür und starre zwischen meine Füße, als ich eine tiefe Stimme höre. Der Mann von der Bungeenummer steht mit seiner Partnerin vor mir.

Kein Wunder, dass die beiden im besten Kreis residieren, dem dritten. Sie stürzen sich von einem Podest unter der Kuppel in die Tiefe, das Gummiseil verlangsamt ihren Sturz atemberaubend spät, und sie berühren dabei noch mit der Nasenspitze den Boden der Manege. Wenn sie nur ein halbes Pfund zunehmen oder sonst was schiefgeht, brechen sie sich vor allen Leuten den Hals. In einem zweiten Durchgang springen sie einen Fingerbreit über ein Nagelbrett, über brennende Fackeln und rotierende Kreissägen. Die Nummer ist ein absoluter Horrorfilm, ich hab mich fast nass gemacht, als ich sie das erste Mal gesehen habe. Besonders gruselig wird der Auftritt dadurch, dass beide sehr glaubwürdig spielen, welche

Angst sie bei jedem Sprung haben. Ihre bleichen Gesichter sind vor Panik verzerrt, ihre Münder weit aufgerissen. Das sieht nicht nach Spaß aus. Aber das INFERNO-Publikum ist so pervers, dass ich bei den Standing Ovations nie weiß, ob die Meute nicht doch gehofft hat, es würde etwas schiefgehen.

Jetzt wirken die beiden ganz entspannt. Sie haben eine Flasche Wein in der Hand, setzen sich zu mir und fragen mich, wo ich herkomme und wie es mir bei der Show gefällt. Zum zweiten Teil der Frage kann ich viel sagen. Ich finde es aufregend und spannend, bin froh, dass die Patronessa mich nicht nach Hause geschickt hat, und obwohl alles so fremd ist, habe ich schon das Gefühl, ich sei immer hier gewesen. Zu meiner Vergangenheit fällt mir weniger ein. Ich will nichts erzählen und murmle nur kurz was vom Magazinjob, Trennung vom Freund, Break gebraucht. Phrasen halt. Bloß nicht näher drüber nachdenken.

Ich frage mich, ob ich unhöflich bin, weil man mir alles aus der Nase ziehen muss, aber die beiden nehmen mir meine Schweigsamkeit offenbar nicht übel. Im Gegenteil. Der Mann springt plötzlich auf: »Willst du mal hängen?«

Ich sehe ratlos von ihm zu seiner Partnerin. Die klatscht in die Hände und strahlt mich an. »Das wird dich auf andere Gedanken bringen«, jubelt sie und zieht mich hoch. Wir gehen zusammen am Gerätezelt vorbei, und er holt ein dickes, elastisches Seil. Damit machen wir uns auf den Weg ins Wäldchen, vorbei an tanzenden Zeltarbeitern und nackten Artisten, die in ihren Parzellen grillen.

Wir lassen den großen Zuber, in dem die beiden anderen Kautschukmädchen planschen, hinter uns. Das Bungeepaar steuert einen Laubbaum mit starken Ästen an. Ich ahne, dass sie das nicht zum ersten Mal machen.

»Soll ich zuerst?«, fragt die Frau und pellt sich aus ihrer Kleidung. Ich nicke. Ich hab gern die Kontrolle, und bevor ich nicht weiß, was hier passieren soll, warte ich lieber ab.

Sie klettert auf einen Ast, der etwas höher als zwei Meter über dem Boden ist. Oben schlingt sie das elastische Seil um den Ast und befestigt das eine Ende an ihren Füßen, das andere fängt ihr Partner auf. Der tritt einen Schritt zurück und spannt das Seil. Sie lässt sich ohne zu zögern rücklings hinabgleiten, hält sich noch einen Moment mit den Händen fest, er spannt nach, und schließlich baumelt sie kopfüber. Er befestigt sein Ende an einem stählernen Ankerring im Boden. Die machen das hier wirklich nicht zum ersten Mal.

»Es fühlt sich alles anders an, wenn man kopfüber hängt«, erklärt er mir und krault dabei das dichte blonde Schamhaar seiner Partnerin. Ab und zu gibt er ihrer Möse mit den Fingern einen Klaps, dann jauchzt sie und kichert. Sie bewegt die Arme und schwingt leicht.

»Das Blut läuft in den Kopf, und das verändert zusätzlich die Wahrnehmung.« Sein Ton ist wie aus einem Lehrfilm, und die Hand zwischen den Beinen der Artistin knetet und massiert jetzt ihre Möse.

»Sie mag es gern elektrisch«, grinst er mich an. »Fass mir mal vorn in die Hosentasche.«

Ich kann seinen harten Ständer fühlen, als ich meine Hand in seine Hose stecke und einen kleinen glatten Vibrator herausshole. Er ist aus Metall, liegt kühl in meiner Hand. Der Mann gibt mir ein Zeichen, als würde er mir den Vortritt lassen. Ich schalte das Spielzeug an und fahre damit an den Innenseiten ihrer Oberschenkel entlang. Sie würde sicher die Beine spreizen, wenn sie nicht aufgehangen wäre.

»Wir müssen uns ein bisschen beeilen«, weist er mich an, »sonst wird es unangenehm im Kopf.«

Also höre ich auf zu spielen, sondern berühre mit der vibrierenden Spitze des Vibrators ihre Möse und schiebe ihn dann längs zwischen ihre Schamlippen. Er tritt hinter sie, hält ihre Hinterbacken möglichst weit auseinander und beginnt ihr die Kimme zu lecken. Ich habe noch nie zugesehen, wie ein Mann einer anderen Frau das Arschloch leckt, aber meine Erfahrung mit Dreiern ist eh begrenzt, und mit aufgehangenen Sexpartnern habe ich gar keine.

Der vibrierende Stift gleitet zwischen ihren Mösenlippen hin und her. Sie zappelt und hält sich an meinen Beinen fest, und das erregt mich. Als sie kommt, schreit sie kurz, es klingt wie der kehlige Ruf eines Raubvogels. Der Bungeemann wischt sich den Mund am Ärmel ab, löst den Knoten um den Ankerring und lässt sie vorsichtig herunter. Ihr Gesicht ist rot angelaufen, und sie torkelt ein bisschen. Kichernd befreit sie sich von dem Gummiband und hält es mir hin.

»Lust auf was Neues?«

Ich merke plötzlich, dass ich immer noch feucht bin, schließlich hat der Zeltarbeiter mich einfach unbefriedigt stehen lassen. Also zerre ich mir die Kleider vom Leib und klettere unsicher auf den Ast. Beide helfen mir, das Seil so an den Füßen zu befestigen, dass es nicht einschneidet. Er spannt, und ich lasse mich langsam hinabgleiten. Die Welt steht Kopf, mir wird schwindlig, einen Moment weiß ich nicht, wo oben und unten ist, der Druck in meinem Kopf nimmt zu. Dann fühle ich weiche Hände, die meinen Bauch streicheln.

»Konzentrier dich auf die Mitte. Hier sind deine Oberschenkel ...«, sie fährt außen und innen an ihnen entlang, »hier ist dein Bauch«, sie bückt sich, »hier deine Titties.« Sie richtet sich wieder auf, ich entspanne mich langsam.

»Und hier ist deine Musch.«

Ihre Hand schiebt sich zwischen meine Beine, und es fühlt sich tatsächlich ganz anders an, als wenn ich auf dem Rücken liege oder über jemandem knie oder stehe. Kräftigere und etwas rauere Hände kommen dazu. Ihr Partner streicht meinen Körper entlang, knetet meine Hinterbacken, massiert meinen Bauch und die Schenkel. Sie spreizt meine Schamlippen mit den Fingern und stülpt gleich ihre Lippen über meinen Kitzler. Sie hält sich nicht mit Küssen oder Lecken auf, sondern saugt direkt an meiner Klit, sodass ich scharf einatme. Sofort wird mir schwindlig. Ich weiß, dass ich mich beeilen muss, und irgendwie macht das diese merkwürdige Sache noch schärfer. Ein Finger tastet sich zu meiner Möse und schiebt sich hinein. Als er mich zu ficken beginnt und die Artistin heftiger an meiner Klitoris saugt, komme ich bald so heftig, dass ich schreie. Sie lassen mich herunter, und alles dreht sich in meinem Kopf. Sie lehnt mich gegen den Baum und schiebt mir die Knie auseinander. Sie selbst setzt sich neben mich und zieht die Beine bis zur Brust.

»Er guckt gern Mösen an beim Wichsen«, flüstert sie, als wär das ein Geheimnis.

Er kniet vor uns, starrt abwechselnd in meine Möse und in die seiner Partnerin und spritzt bald darauf ins Moos.

Wir sind alle schläfrig. Jetzt merke ich auch die Hitze wieder, die sich wie eine feuchte Decke auf mich legt. Ich würde gern einfach hier einschlafen, wo ich jetzt bin.

Ich drifte gerade weg und höre, als mein Atem tiefer wird, Schreie zu uns dringen. Erst habe ich sie für Tierlaute gehalten, aber dann erkenne ich, dass es Menschenschreie sind. Wir springen auf, raffen unsere Kleidung zusammen und rennen zum Platz.

Da steht schon eine dichte Traube Zeltarbeiter und Artisten vor dem Bühneneingang. Wir ziehen uns hastig an, völlig egal, wenn irgendetwas falsch herum ist. Ich erkenne die 380-Volt-Brüder, einer von ihnen trägt den Trafo und der andere das kleine Kautschukmädchen. Ihr Bademantel, ihr Hals und ihr Gesicht sind auf einer Seite verbrannt. Arme und Beine hängen leblos herab. Wir sind alle geschockt. Mir fällt sofort ein, dass ich vorhin noch gesehen habe, wie die Brüder den Trafo weggeschlossen haben. Sie muss das Gerätezelt geöffnet und ihn herausgeholt haben. Ein Unfall war das also nicht. Während das Mädchen zum Wohnmobil der Patronessa getragen wird, versammeln sich immer mehr Menschen. Schließlich erscheint die Chefin, verkündet kurz, der Vorfall sei schrecklich, und sie werde sich darum kümmern. Dann verschwindet sie in ihrem Wagen. Niemand ruft einen Krankenwagen. Oder die Polizei. Es geschieht einfach gar nichts.

Mein Puls ist so hoch, dass ich mein Blut im Schädel hämmern höre. Das Bungeepaar streichelt mir über den Rücken und verschwindet in der Dunkelheit. Auch die anderen gehen zurück zu ihren eigenen Wagen. Niemand spricht, und ich frage mich, ob das in so einer Show oft geschieht. Ohne zu wissen, warum, vermute ich, dass es nicht zum ersten Mal passiert.

Ich kann nicht wie die anderen zur Tagesordnung übergehen oder mich ins Bett legen. Ich bleibe beim Wohnmobil und setze mich auf die Stufen. Es kommt mir so vor, als würden Stunden verstreichen. Ich höre oder sehe gar nichts.

Irgendwann halte ich es nicht mehr aus, und obwohl ich weiß, dass es streng verboten ist, den Wagen der Patronessa ohne Aufforderung zu betreten, gehe ich hinein. Ich muss wissen, wie es der Kleinen geht.

Aber als ich drin stehe, ist der Wagen leer. Von der Chefin und dem Kautschukmädchen keine Spur. Kann so ein Wohnmobil einen zweiten Ausgang haben? Aber warum macht sie ein Geheimnis daraus, wenn sie sie ins Krankenhaus gebracht hat?

Einer der Zeltarbeiter hat mir erst heute Morgen etwas erklärt: Zuschauer dürfen niemals sehen, dass Artisten sich wirklich verletzt haben, weil sonst Panik ausbricht oder auch nur schlechte Stimmung, und das merken sie direkt an den Einnahmen der nächsten Shows. Deshalb gibt es zwischen den Tierkäfigen eine Zufahrt, die ein Krankenwagen benutzen kann, ohne dass das Publikum es mitkriegt. Ist der verunfallte Artist auch nur halbwegs fähig, aufrecht zu stehen, muss er zum Schlussapplaus wieder in der Manege sein. Die Leute müssen sehen, dass es ihm gut geht, sie feiern ihn dann wie einen Helden, und alles ist bereinigt. Es haben schon Artisten mit Gehirnerschütterung und gebrochenen Knochen den Schlussapplaus mitgemacht, hat der Zeltarbeiter mir erzählt. Einmal ist wirklich jemand gestorben, er hatte sich die Wirbelsäule bei einer Schlappseilnummer gebrochen. Da haben sie einen Zeltarbeiter in sein Kostüm gesteckt und das Gesicht verbunden und ihn so zum Applaus geschickt, und das Publikum hat nichts gemerkt.

Aber jetzt sind wir doch unter uns – warum schafft die Patronessa die Kleine heimlich weg? Ich verstehe es nicht.

Ich sehe mich um. Die Kristallkugel ist ebenfalls nicht mehr da. In den Regalen herrscht das übliche Chaos. Dann bleibt mein Blick an etwas hängen. Seltsam, dass ich das beim ersten Besuch nicht bemerkt habe. Vielleicht war ich zu sehr mit meinem bescheuerten Einstand und meinem feuchten Schlüpfer beschäftigt. An der Wand hängt ein Gemälde, nicht besonders groß, aber auffällig. Man kann es eigentlich nicht übersehen. Es ist das Porträt einer Frau mit sehr weißer Haut und violettem Irokesen. Links und rechts ihrer Nase wachsen ihr Schnurrbarthaare aus der Haut. Sie ist von lauter Spiegeln umgeben, und auf ihrer Schulter sitzt ein streng guckendes weißes Kaninchen. Ich kann mich nicht erinnern, und trotzdem weiß ich, dass ich diese Frau schon mal gesehen haben muss. Ganz sicher nicht mit Irokesenschnitt und Schnurrbarthaaren, aber die Züge der Frau kenne ich. Mir wird kalt ums Herz, als ich versuche, mir darüber klar zu werden, wer das ist, und nicht draufkomme. Es muss lange her sein, dass ich sie getroffen habe, sehr lange. Wie in einem anderen Leben.

In der Stadt: elf Wochen vorher

Florian lernte ich nicht einfach so kennen, er wurde mir zugeführt – oder ich ihm. Alles fing mit meiner Freundin Mara an, und damit, dass sie mich als Kammerzofe engagierte.

Mara und ich waren da schon ein paar Jahre Freundinnen.

Ich war gerade erst eingezogen in diese Wohnung in Berlin-Neukölln und fand die Gegend gruselig. Ein bisschen zwanghaft versuchte ich, nicht in Hundehaufen zu treten, die Berge aus Müll, schimmligen Matratzen und zertrümmerten Möbeln zu ignorieren, die an den Bäumen lehnten oder sich auf dem Mittelstreifen zwischen parkenden Autos türmten, und mich nicht einschüchtern zu lassen von den Elendsgestalten, die vor mir auf dem Bürgersteig entlangschlurften und sich dabei lautstark über ihre Knasterlebnisse unterhielten.

Mara dagegen bewegte sich ganz selbstverständlich durch das Viertel – obwohl sie so auffiel, dass die Punks sich nach ihr umdrehten.

Das lag nicht nur an ihrem außergewöhnlich hübschen Puppengesicht oder daran, dass sie klein war, aber dafür einen riesigen Busen vor sich hertrug, sondern auch an ihrer Aufmachung. Es war Herbst, und sie trug ein dunkelblaues Samtcape mit Webzobel-Verbrämung, blaue Handschuhe und einen Hut mit Feder, der schräg halb auf ihrer Stirn saß. Sie sah aus wie eine Mischung aus durchgeknallter Mary Poppins und

Kürbisfee und huschte in ihren geschnürten Stiefeletten so selbstsicher und schnell über das dreckige Kopfsteinpflaster, als würde sie schweben. Ich fand sie augenblicklich hinreißend. Mara ist eine Frau, bei der man, wenn man sie trifft, sofort begreift, dass sie das Leben bunter und verrückter machen wird. Keinesfalls wollte ich sie mir durch die Lappen gehen lassen, also sprang ich ihr beherzt in den Weg, damit sie anhalten musste. Freundlich lächelnd sah sie zu mir hoch.

»Ja, bitte sehr?«

Kein Zweifel, die Frau kam direkt aus einem Zeichentrick-Musical. Bestimmt trug ein pummeliger Waschbär ihr die Einkäufe in einem Körbchen hinterher, und bunte Vögel lochten ihr U-Bahn-Ticket mit den Schnäbeln.

Ich hatte zwar Visionen von singenden Tieren im Kopf, aber sonst nichts und starrte sie weiterhin nur an. Wahrscheinlich hat sie gedacht, ich sei entweder eine Drogensüchtige auf der Flucht vor einem rabiaten Dealer oder eine verschüchterte Zugezogene, die sich fragt, was sie ausgerechnet in Berlins rohesten Bezirk verschlagen hat, attention, you are entering the Danger Quarter Neukölln.

»Sie möchten bitte?«

Maras Stimme war so warm und weich, ich wollte ihr auf der Stelle mein Leben erzählen und ihr blaues Cape streicheln.

»Ich bin neu in Berlin ...«, fing ich an. Dann riss ich mich endlich zusammen. Mit einer geistesgestörten Idiotin würde sie sich sicher nicht befreunden.

»... und ich weiß nicht, wo man hier Jaffakekse kaufen kann.«

Jaffakekse? Im Ernst? Dieses klebrige Zeug hatte ich seit meiner Kindheit nicht gegessen, alles klar, jetzt musste sie mich für stoned oder bescheuert halten. Wahrscheinlich beides.

Aber sie lächelte weiterhin freundlich, als wäre es ein ganz normales Gespräch und nicht sinnfreies Gestammel.

»Nun«, fing sie an und zeigte mit ihrem blauen Lederhandschuh die Straße runter. »Ich würde es mal in einem Späti versuchen.«

Spätis gab es in dem Kaff, wo ich herkam, nicht. Da wurde ein Scheiterhaufen errichtet, wenn man den Laden fünf Minuten länger offen ließ, als gesetzlich erlaubt war.

»Diese Richtung.«

Sie griff mich am Ellenbogen, hakte mich unter und trippelte wieder los. Ich galoppierte wie ein hüftkrankes Pony neben ihr her. Mitfühlend drückte sie im Gehen meinen Unterarm.

»Das ist der Kiezschock. Culture Clash. Passiert fast jedem, wenn er hier ankommt.«

Sie führte mich in dem kleinen Kiosk bis zum Keksregal und griff sich eine Flasche Sekt aus dem Kühlschrank.

»Begrüßungsstößchen?«

Ich nickte unendlich erleichtert.

»Auf jeden Fall!«

Wir saßen dann auf einer Parkbank, sahen die Freaks, die vereinten Nationen und die Alten, die keinerlei Hoffnung mehr hatten, vorbeiziehen, knabberten Jaffas und stießen auf meine Ankunft an. Ich weiß bis heute nicht, womit ich Mara verdient hatte, aber als wir aufstanden, weil es dunkel und zu kalt wurde, waren wir Freundinnen. Ich und die kleine Kürbisfee mit dem Riesenbusen.

Mara war immer zur Stelle, wenn ich mit irgendwas überfordert war. Als mein psychotischer Nachbar anfing, mir obszöne Liebesbotschaften mit einem Kartoffelmesser in die Wohnungstür zu schnitzen, machte sie dem Vermieter klar, dass er einschreiten musste. Als im Hausflur der Zettel einer

Firma namens »Pest Inspection« hing, die uns aufforderte, unsere Kellerräume zu räumen, damit sie Ratten und anderem Ungeziefer den Garaus machen konnten, stieg Mara mit meinem Schlüssel die alte Treppe hinab, weil ich Herpes und hysterische Schreikrämpfe gleichzeitig bekommen hätte, wenn mir dort unten eine Ratte begegnet wäre. Den pakistanischen Stalker, der mir abwechselnd Liebe schwor oder mich zu einer obskuren Sekte bekehren wollte, vertrieb sie, indem sie mich vor seinen Augen so leidenschaftlich und besitzergreifend küsste, dass er beide Vorhaben aufgab. Und als in meinem Badezimmer ein großes Stück hundertfach übermalter Tapete mit einem gewaltigen Rumms von der Decke krachte, kannte sie einen Handwerker, den man nachts anrufen konnte. Die kleine Kürbisfee schwang ihren Zauberstab, und Smog wurde zu Einhornglitter. Ich war ein Riesenfan von Mara.

Was sie an mir fand, hab ich dagegen nie kapiert. Amüsant sind meine ständigen Katastrophen, in die ich mich aus Blödheit hineinmanövriere, sicher nicht. Vielleicht hat sie mich an diesem trüben Herbsttag im dreckigen Neukölln aufgelesen wie einen streunenden Welpen, der zwar schnappt und nie stubenrein wird, den man aber mitnehmen muss, wenn man ein Herz hat, weil er sonst unter die Räder geraten wird. Maras Herz war jedenfalls noch größer als ihr Busen.

Deshalb überlegte ich auch keine Sekunde, dass ich ihr helfen würde, als sie ihr neues Business startete.

Wir saßen an ihrem Küchentisch. Es war einige Jahre später, die klebrigen Orangenkekse waren noch dieselben, wir und Neukölln hatten uns inzwischen aber sehr verändert. Ich hatte beim Stadtmagazin angefangen, erst als Volontärin, dann fest in der Redaktion, wo ich mir einen Namen als Fachfrau für Untenrum-Themen gemacht hatte. Seit über einem Jahr schrieb ich meine »Eros to go«-Kolumne, für die ich Prostituierte, Freier, Swinger, Dominas oder Stripper interviewte, Sexspielzeug testete, Trends wie Intimrasur oder Klitorispiercing unter die Lupe nahm oder mich über sexistische Werbung und blöde Pornofilme aufregte. Inzwischen bestimmte ich das Erotik-Ressort komplett – und Neukölln hatten die Hipster geentert.

Sie liefen dünn, zottelbärtig und Dutt tragend in engen Röhrenjeans herum, fotografierten verrostete Kaugummiautomaten oder abgeblätterte Graffiti mit Polaroidkameras, brachten die alten Kneipenwirte und Ladenbesitzer zur Verzweiflung, indem sie nach Craft Beer, veganer Süßrahmbutter oder Hafermilch-Latte fragten. Sie zäunten die Straßenbäume ein, säten Blumen und stellten kleine Kuckucksuhren auf Pfähle. Sie eröffneten Läden, bei denen Mara und ich uns wunderten, wie man damit die Miete einspielen konnte. Geschäfte für Neukölln-Trödel, lange bevor wirklich Horden von Touristen durch die Straßen zogen und Jutebeutel, Tassen und Frühstücksbrettchen mit markigen icke-dette-kiekste-Sprüchen kauften. Sie brauten eigenes Bier, eigenen Schnaps und eigenen Absinth, ein Gesöff untrinkbarer als das andere. Aber da bald die schicken, gut verdienenden und besonders coolen Media-Start-up-People in Prenzlauer Berg vor lauter Kindergeschrei keine Ruhe mehr hatten und mit ihren Laptops nach Neukölln zogen, um auf durchgesessenen Omasofas in ehemaligen Fleischereien trübe Rhabarberschorle zu bestellen, ging auch dieses Zeug über den Tresen.

»Es ist eine neue Zeit. Ich denke an eine spezielle Service-Dienstleistung«, sagte Mara in ihrer Küche und hatte mich außer zu klebrigen Keksen auch noch zum Essen eingeladen.

Ich fragte mich, was das für ein Essen werden würde. Kochen gehörte eindeutig nicht zu Maras Stärken, aber sie tänzelte um mich herum und erzählte von all den Folgen *Das Haus am Eaton Place*, die sie als Kind gesehen hatte, und welches Glück es in ihr auslöste, wenn sie sich monatlich eine Putzfrau leistete.

»Echt, Billy, das ist besser als Sex. Ich geh weg, und wenn ich wiederkomme, blitzt alles, und das Bett ist frisch bezogen. Also wenn ich wählen müsste zwischen einem Liebhaber und einer Putzmaid, ich würde die Maid nehmen. Ein Mann macht mich eine halbe Stunde glücklich, die Maid eine ganze Woche.«

Währenddessen deckte sie auf ihrem Küchentisch neben meinem Teller Besteckreihe um Besteckreihe ein. Löffel, Gabel, Messer, Zangen, längliche Stäbe, die ich noch nie gesehen hatte, dann ein dickbauchiges Glas, schräg darüber ein schlankes Weinglas, dann ein kelchartiges, Messerbänkchen, kleine Brottellerchen, Salzfässchen, es nahm kein Ende.

»Das ist die Idee«, sagte sie und machte mit ihren kleinen Händen eine Bewegung über den Tisch, als hätte sie all das Kristall, Silber und Porzellan kürbisfeeartig dorthin gezaubert, »aber eben in sexy!«

Ich hatte keine Ahnung, wovon sie redete. Also nötigte ich sie, sich wieder hinzusetzen und mir alles zu erklären. Und das war Maras Masterplan:

»Es gibt immer weniger Arbeitsplätze in der Produktion. Und nicht alle Leute können ...«, ihr Ton wechselte zu einer lispelnden Babystimme, »... irgendwas mit Medien machen.«

Ich nickte.

»Bloß nicht. Wo soll Gammelfleisch wie ich hin, wenn ständig niedliche Küken frisch aus der Uni in die Redaktionen watscheln und alle mit ihren Klimperwimpern bezirzen?«

»Und deshalb liegt die Zukunft im Service! Es hat doch niemand mehr Lust auf Hauswirtschaft. Wer von den Menschen, die du kennst, kann denn noch ein viergängiges Menü kochen?«

»Du nicht. Aber im Aufreißen von Kekspackungen bist du meine Heldin.«

Sie verstand meinen Wink und stellte eine weitere Schachtel Jaffas auf den Tisch.

»Gleichzeitig wird immer alles schicker. Die Leute wohnen nicht mehr einfach nur, die repräsentieren wieder. Die sitzen in ihren aufgestylten, superindividuell mit Do-it-yourself-Kram ausdekorierten Lofts und servieren Hummer, der mit selbst gekochtem Preiselbeergelee nach Omas Rezept glasiert wurde. Das ist übrigens eine Hummergabel.«

Sie nahm mir den länglichen Stab, der neben meinem Teller gelegen hatte, aus der Hand.

»Und jemand wie du ist das nächste Problem.«

»Bitte!« Ich gab mir Mühe, möglichst entrüstet auszusehen. »Ich wollte mich damit gar nicht am Rücken kratzen. Ich wollte mir das Gerät nur ansehen.«

»Die Hipster verlangen Service, und zwar Rundum-Service: spülen-einkaufen-kochen in der Küche. Sie möchten leben wie eine Mischung aus dänischem Hygge-Cottage und Downton Abbey, aber haben gleichzeitig keine Ahnung von klassischem Stil, Benehmen und Tischsitten.«

Jetzt redete sich Mara in Rage. Sie zählte an ihren Fingern ab.

»Sie tragen braune Schuhe zum Abendanzug. Sie stellen Rotwein in den Kühlschrank. Sie meinen, ein Sorbet sei ein Dessert, und wenn ihnen klar ist, wieso sie es zwischen Fisch- und Fleischgang löffeln sollen, finden sie das passende Besteckteil nicht. Sie halten das Internet für einen Ort, wo es Pornos und Katzenvideos gibt – niemand kommt auf die Idee, sich da mal Tutorials über Besteckfolgen und Dresscode anzusehen.«

Mara war kaum noch zu bremsen. Sie klopfte mit dem Steakmesser (oder war es das Fischmesser?) auf den Tisch, während ich versuchte, mir noch einen Keks zu angeln, ohne von ihr erdolcht zu werden.

»Ich war letzte Woche auf einer Hochzeit, bei der in der Einladung ›Black Tie‹ gestanden hatte – und gleich drei Frauen trugen eine schwarze Krawatte! Das Gruppenbild sah aus, als hätten sie die Blues Brothers eingeflogen. Und dann der Sex!«

Ich hörte mit offenem Mund auf zu kauen.

»Beim Sex gibt es alte Benimmregeln? Ich dachte immer, es reicht, wenn man sich nicht in den Fettröllchen des Partners festkrallt, keine Witze über kurze Penisse macht und sich fürs Gelecktwerden revanchiert.«

Mara winkte ab.

»Nein, ich meine, die Leute wollen auch Service im Schlafzimmer. Ich kenne viele Freundinnen, die sich gern mal einen Callboy mieten würden, aber das ist alles so unappetitlich und schmierig. Stillos. Und da komme ich!«

»Du kommst, wenn es stillos und schmierig wird? Magst du es nicht sauber und gepflegt beim Vögeln?«

»Jetzt lass mich doch erklären!« Sie musste lachen, gab sich aber Mühe, besonders streng zu gucken.

»Meine Geschäftsidee ist eine Service-Agentur, eine Personalvermietung. Zwei Dienstleistungen: einmal hoch ausgebildetes Personal, das bedient und serviert wie im Buckingham Palace. Und dann Personal für Special Events, die man buchen kann, wenn man zum Beispiel ein erotisches Dinner veranstalten möchte. Ich denke, ich werde mit Dienstmädchen,

Butlern, Kammerzofen und Stubenmädchen anfangen und die Agentur bei Bedarf mit professionellen Escort-Mitarbeiterinnen und -Mitarbeitern aufstocken. Und diese Geisha-Sache interessiert mich. Dass eine schöne, spektakulär zurechtgemachte, kulturell extrem versierte Frau Gäste unterhält und die Fantasie anheizt, ist doch eine tolle Sache.«

Jetzt wollte ich auch mal informiert rüberkommen.

»Du weißt aber schon, dass Geishas ein japanisches Nationalheiligtum sind und weder heute noch damals Prostituierte waren?«

Mara nickte. »Darüber denke ich noch nach. Wahrscheinlich ...«, sie nahm sich einen Jaffa und setzte sich erschöpft, »wahrscheinlich werde ich das mit künstlerischer Freiheit interpretieren.«

Ich fasste das alles noch mal zusammen, um Mara zu zeigen, dass ich nicht nur ihre Kekse verschlungen und ihr Tafelsilber vollgekrümelt, sondern aufmerksam zugehört und mitgedacht hatte.

»Du willst also eine Mischung aus Fräulein Rottenmeier und Geisha in sexy Zofen-Outfits stecken, damit sie bei Hipstern, die vor anderen Hipstern mit ihrer Kultiviertheit angeben wollen, Bio-Chateaubriand von glücklichen dänischen Hygge-Rindern tranchieren und sich zum Dessert das weiße Spitzenschürzchen vom Leib reißen und die Hipster aus ihren Vollbärten vögeln.«

»Exakt.«

»Gibt's für so was wirklich Kunden? Also Interessierte sicher, aber auch Menschen, die dafür Geld hinlegen?«

Sie schob ein Foto über den Tisch. Darauf standen drei schicke Menschen neben einer Handvoll schlunziger. Eine Werbeagentur. Schick waren die vom Budget, schlampig die

Kreativen. Wenn ich für jedes Klischee einen Eierlikör und einen Wangenstreichler bekäme, wäre mein Leben freundlicher.

»Die zum Beispiel. Eine erfolgreiche Werbeagentur. Diskutiert gerade ihren Börsengang.«

»Und die haben Sehnsucht nach Zofen?«

»Vielleicht sie selbst nicht, aber sie hoffen, die Kunden, die sie beeindrucken wollen, stehen drauf. Also gibt es ein Sechsgangmenü inklusive Hummer.«

Sie tippte mit dem Zeigefinger die Besteckfolge ab und zählte bis sechs.

»Und wann soll das stattfinden?«

Mara sah auf die Uhr und hielt mir dann ihr Handgelenk entgegen.

»In sechs Stunden. Ich hab im Schlosshotel diesen Privatdiningroom in der Suite gebucht. Wir haben drei professionelle Kellner, eine Hausdame, die eigentlich als Benimmlehrerin arbeitet, zwei Zofen, die auch Gogo tanzen und Escort machen. Und dich.«

Ich lachte.

Mara ließ mich nicht aus den Augen.

»Doch. Billy. Überleg mal. Schlimmstenfalls trägst du einen Abend lang Teller hin und her und siehst heiß aus. Wer weiß, wen du kennenlernst! Das ist ein Erotik-Event, keine Sexparty, dein zöflicher Schlüpfer bleibt an. Du servierst die Leckerchen nur, du bist keins. Ich möchte einfach wissen, wie es läuft, wenn ich selbst nicht vor Ort bin.«

Dann zeigte sie mir das Zofen-Outfit, und ehrlich gesagt gab das den Ausschlag. Ich sehe rattenscharf aus in klösterlichem Schwarz. Das knappe Kleid passte wie angegossen, und zusammen mit der weißen Rüschenschürze fühlte ich mich sexy und unantastbar zugleich. Außerdem fehlte mir beim

Magazin gerade ein bisschen der Thrill. Die Eröffnung der neuen Burlesquetanzschule war nett, aber nicht wirklich das, wovon ich in schlaflosen Nächten träumte. Vielleicht kam ich auf neue Ideen für »Eros to go«, während ich stumm hinter den Herrschaften stand und ihnen zuhörte. Vielleicht lernte ich jemanden kennen, der spannend und nützlich sein würde. Neue Ufer, Experimente, Abenteuer – das war doch mein Ding!

Also behielt ich den Dress gleich an und ließ mich von Mara in die höfische Servierkunst einführen.

Und tatsächlich lernte ich jemanden kennen, der zwar anfangs spannend, aber letztlich alles andere als nützlich war: Florian.

Das Licht in der Suite war gedimmt, als ich ankam. In einer halben Stunde würden die Gäste eintreffen. Auf dem großen ovalen Esstisch standen Kerzen, deren Schein von den Besteckreihen zurückgeworfen wurde. Es hatte etwas Weihnachtliches, wie alles glitzerte. Frau Winter, die Hausdame, hielt ein Spitzentaschentuch und einen Holzstab, ich fragte mich noch, was sie damit anstellen wollte, als sie uns schon zusammenrief und anwies, uns in einer Reihe aufzustellen. Die Männer links, dann ich und ganz rechts die beiden Gogo-Zofen. Es folgte die Inspektion. Wir mussten unsere Hände vorzeigen. Von einem der Männer verlangte sie die Brille, hauchte aufs Glas und polierte mit ihrem Spitzentaschentuch einen Fingerabdruck weg. Den nächsten schickte sie ins Bad, um sich die Nägel zu schrubben, »aber tadellos, junger Mann«. Ich bekam einen Rüffel, weil sich eine Strähne aus meinem strengen Dutt gelöst hatte. Außerdem sollte ich den roten Lippenstift abwischen. Bei einer Mitzofe maß sie mit dem Holzstab ab, ob der Rocksaum höher als zwei Zentimeter über dem Knie saß. Dann hielt sie eine kurze strenge Ansprache, dass wir die Augen gesenkt lassen und niemals eine Regung zeigen sollten.

»Seien Sie einfach unsichtbar, wie früher in der Schule beim Vokabeltest. Die Herrschaften dürfen nicht den leisesten Eindruck bekommen, Sie würden bei den Tischgesprächen zuhören.«

Sie fragte noch einmal die gängigen Servierregeln ab und erinnerte uns an Kompetenzen. Wasser durften wir einschenken, Alkohol war dem Butler vorbehalten. Bei einem Wunsch der Gäste ein kurzes Nicken und ein ganz kleines Lächeln, aber kein alberner Knicks und auch kein hingehauchtes »Sehr wohl, Euer Lordschaft«.

Frau Winter klopfte mit dem Zollstock auf die Anrichte. »Das ist hier kein Mummenschanz. Solange diniert wird, herrschen bei mir Zucht und Ordnung. Dienstleistungen anderer Art kommen erst nach dem Dessert.«

Ich überlegte, ob Benimmkurse ein Thema für meine Kolumne wären und ob Jugendliche heute eigentlich noch in die Tanzstunde gingen, konnte mir beides aber nicht mehr notieren, weil die Gäste eintrudelten.

Ich erkannte die Schicken vom Foto der Werbeagentur. Die Schlunzigen waren nicht dabei. Also ging es heute Abend um Geld, nicht um Ideen. Ich seufzte innerlich, das würde ja langweilig werden. Einer allerdings stach raus. Er trug zwar einen schwarzen Anzug wie die anderen, hatte aber einen lilanen Irokesen auf dem Kopf, was ich sehr cool fand.

Anfangs war der Abend sterbenslangweilig: Wir servierten, sie aßen. Sie tranken, wir schenkten nach. Das Catering des Hotels sorgte für den Nachschub in der kleinen Küche. Die

Gäste baten uns um Streichhölzer, Aschenbecher, eine neue Serviette, und wir brachten es.

Allmählich begann ich zu glauben, dass das Problem der Dienerschaft in den großen Herrenhäusern damals nicht die schwere Arbeit war oder der Standesdünkel ohne Aufstiegschancen, sondern die Ödnis. Wie einschläfernd, die ganze Zeit unsichtbar einem fremden Leben zuzugucken, das einen nicht mal interessiert.

»Das muss total öde für euch sein, dass ihr die ganze Zeit unsichtbar herumhuscht und Gesprächen zuhört, die selbst uns nicht interessieren.«

Der Mann mit dem Irokesen war in die kleine Küche gekommen.

Die Tischgesellschaft hatte sich aufgelöst und auf die Sofas verzogen, wo wir Likör, Brandy und kleine Gebäckstücke servierten. Ich war gerade dabei, Eclairs und Windbeutel auf einer Etagere zu drapieren.

Ich lächelte, weil ich ja gerade genau dasselbe gedacht hatte.

»Gefällt Ihnen der Abend nicht? Kann ich etwas für Sie tun?« Bloß nicht aus der Rolle fallen.

Er zündete sich eine Zigarette an.

»Ich bin hier für den Fall, dass die Agentur einen Karosseriedesigner mitgeschickt hätte. Hat sie aber nicht. Mein Chef hat keine Ahnung von Autos, also wollte er einen technischen Zeichner dabeihaben, da blieb nur ich übrig. Und jetzt geht's um Gewinnmargen und Werbe-Etats und Zielgruppen. Ich sitz da wie eine Gattin, die nur wegen der Mitgift geduldet wird.«

»Was würden Sie denn sagen, wenn Sie was zu sagen hätten?«

Ich fand ihn nett. Er redete normal mit mir, ohne die Herrschaft rauszukehren.

Bevor er antworten konnte, kam Deniz, eine der Gogo-Zofen, in die kleine Küche, griff sich ein halb volles Glas Likör aus der Spüle und schüttete es hinunter. Standesgemäß war das nicht, aber wahrscheinlich taten das die Dienstboten im Haus am Eaton Place auch, wenn die Köchin wegguckte.

»Frau Winter sagt, du kannst Schluss und ich Pause machen«, sagte Deniz und klaute sich zwei Windbeutel von meiner Etagere. »Die Kollegin strippt jetzt 'ne Weile, ich kenn sie, das wird dauern. Du sollst den Süßkram noch reintragen und dann unauffällig gehen.«

Sie wischte mit den Händen in der Luft herum, als würde sie zaubern.

»Wohlan denn, Magd – dematerialisiere sie sich!«

Ich brachte die Etagere raus, kam zurück und stand wieder unschlüssig mit ihr und dem Irokesen an der Anrichte.

Er reichte mir seine Zigarette, und ich zog daran, obwohl ich eigentlich nicht rauchte.

»Statt uns zu dematerialisieren, könnten wir auch den Rest von der Suite besichtigen«, schlug er vor und fügte noch hinzu: »Ich bin übrigens Florian.«

Unstandesgemäß reichte ich ihm die Hand.

»Zofe.«

Er schlenderte aus der Küche.

»Na, dann kommt doch einfach mit, ihr Zofen, mal sehen, ob es in einem anderen Zimmer spaßiger ist.«

Deniz kicherte, ich fand seinen Spruch ganz schön frech. Dachte er, wir würden ihn im Schlafzimmer bedienen, nur weil wir weiße Schürzchen anhatten?

Aber statt einer Macho-Nummer kam es anders. Wir drei fanden uns tatsächlich im Schlafzimmer wieder, na klar.

Wir fielen aufs Bett, das weich gepolstert war durch dicke Decken und die Gästemäntel, und begannen zu knutschen, was gar nicht so einfach war zu dritt. Deniz und Florian hatten mich in die Mitte genommen, sodass ich abwechselnd ihn und sie küsste. Wenn ich mich an Florian presste, fühlte ich Deniz' Hände an meinem Hintern, und wenn ich mich herumdrehte und ihre Brüste streichelte, hatte ich Florians harten Schwanz im Kreuz. Es dauerte nicht lange, bis Finger unter unsere Dienstmädchenuniformen und in Florians Hose glitten.

»Herrschaften, so wird das nix.«

Deniz war mit roten Wangen aufgetaucht, nachdem sie ihr Gesicht zwischen meinen Brüsten vergraben und dabei versucht hatte, Florian zwischen die Beine zu greifen.

»Entweder schaffen wir hier mal nackte Tatsachen, oder ich kriege einen Hitzestau.«

Wir pellten uns also aus der Kleidung. Florian war als Erster nackt und sah uns genüsslich zu. Scherzhaft versuchten Deniz und ich es mit einer Porno-Choreografie, wobei ich mit tief durchgedrücktem Kreuz in verrenkter Haltung vor ihr auf allen vieren kniete und säuselte: »Wann kommt endlich ein richtiger Mann, der mich mit seinem Schwanz erlöst?«

Deniz stieg ein und schnarrte in einem Fantasiedialekt zurück: »Uhnd ärr soll mich ziehän an Haarä und peitschän mit Pänis auf Poopo.«

Florian lachte.

»Ladys, ich kann keinen Lesbenporno mehr sehen, wenn ihr dieses edle Kulturgut so verunglimpft. Dürfte ich euch wohl um ein bisschen verfickten Ernst bitten!«

»Biettä fieckään«, fing Deniz wieder an und bewegte ihre Faust rhythmisch neben dem offenen Mund, bis ich sie mit einem langen Kuss zum Schweigen brachte.

Ich versuchte, sie komplett auszuziehen, aber nach der Uniform und dem BH war Schluss. Ihre Nylonstrumpfhose wollte sie anbehalten. Florian löste meine Schürze und zog den Reißverschluss des schwarzen Kleides auf, und als er es mir abstreifte, fuhren seine Hände wie zufällig über meine Brüste und zwischen meine Beine. Ich stand da und ließ ihn machen und fand es ziemlich geil, dass er so jede Gelegenheit nutzte, um mich anzufassen, wo ich doch eh gleich ganz nackt sein würde. Ich drehte mich um, zog den BH aus, und er küsste meine Nippel und saugte an ihnen, nur zart und leicht, und Schauer liefen mir über den Rücken. Deniz trat neben uns und stellte einen Fuß neben Florian auf die Bettkante. Er fuhr ihr Bein rauf und runter, nebenher tastete er sich mit der anderen Hand zwischen meine Beine vor und kraulte vorsichtig meine Möse. Deniz griff in ihre Nylonstrumpfhose, fasste sich zwischen die Beine und stellte fest, dass sie schon ziemlich feucht war.

»Zerreiß sie«, forderte sie Florian auf.

Ich bedauerte es, dass seine Finger nicht mehr meine Spalte verwöhnten, aber ich fand es auch faszinierend, was er mit Deniz und der Strumpfhose anstellen würde, denn offenbar wusste sie genau, wie sie es haben wollte.

Florian fasste den Zwickel an, straffte ihn, bohrte mit dem Fingernagel Löcher hinein und riss den Nylonstoff über ihrer Möse auf.

»Stopp! Nur die Ritze.«

Deniz' Möse war glatt rasiert und glänzte vor Muschisaft. Durch den schwarzen Stoff rundherum sah sie noch viel nackter aus, als sie eh war. Florian teilte seine Hände gerecht auf, rieb mit der einen Deniz' Schamlippen und mit der anderen meine. Seine großen glänzenden Augen schossen von einer Möse zur anderen.

»Zwei Fötzchen, zwei wunderschöne, saftige Fickpfläumchen. Ich steck euch mal einen Finger rein.«

Das tat er, und ich war hin- und hergerissen zwischen der Neugier zu sehen, wie sich sein Finger in Deniz' Möse bewegte, und dem eigenen Empfinden. Ich stöhnte leise. Er rieb unsere Spalten und tauchte immer wieder tief hinein, bis wir uns auf dem Bett zusammenknäuelten, Florian in der Mitte, seine Finger in unseren Mösen und unsere Hände um seinen Schwanz und seine Eier gelegt. Deniz drehte sich um, hielt mir ihre Rückseite entgegen und begann, ihm den Schwanz zu lutschen, während er seine Hand erneut unter das Nylon schob und sie rieb. Sein Finger auf meiner Klit vibrierte, seine Küsse wurden drängender, und unsere Zungen knoteten sich umeinander. Deniz zauberte ein Kondom hervor, das im Bund ihrer Strumpfhose gesteckt hatte, und pellte es Florian über. Dann lutschte sie weiter, während ich seine Hoden massierte. Sein Finger in meiner Spalte wurde fordernder, er fickte mich abwechselnd und strich dann wieder schnell und fest über die Klit. Kurz bevor er kam, setzte sich Deniz auf seinen Schwanz und ritt ihn bis zum Höhepunkt. Da ich nun nicht mehr Florians Eier erreichte, fasste ich ihr an die Möse und hielt sie so, dass sie den Kitzler bei jedem Stoß an meiner Hand wetzen konnte. Beide kamen. Deniz rutschte hinter mich, presste sich mit ihren verschwitzten Brüsten gegen meinen Rücken und spielte an meinen Nippeln, während Florian meine Muschi verwöhnte und mir ins Ohr hauchte.

»Ich wichs deine feuchte Pflaume, du bist so heiß und nass, lass es dir besorgen.«

Der Orgasmus überrollte mich, und ich presste die Beine mit seiner Hand dazwischen fest zusammen. Er zog seinen Finger nicht aus meiner Möse, als wir hinterher eng aneinandergeschmiegt dalagen. Ab und zu bewegte er ihn ein bisschen und sah mir dabei immer in die Augen. Deniz war eingedöst. Ich fühlte ihre gleichmäßigen Atemzüge an meinem Rücken.

»Hast du vorher schon mal zwei Frauen gevögelt?« Ich machte keinen Small Talk, es interessierte mich wirklich, weil ich erstaunt war, dass sich alles so natürlich und selbstverständlich angefühlt hatte.

»In meinen Träumen tausendmal.«

Wenn er lächelte, hatte er Grübchen, und ich bemerkte jetzt erst, wie tief und glänzend seine grauen Augen waren. Gefrorene Seen. Ich schmiegte meinen Kopf an seine Schulter, er ließ wieder seinen Finger in mir zucken.

»Am liebsten würde ich für immer in deiner Möse bleiben.«

»Im Alltag eher schwierig«, murmelte ich schläfrig. Aber schön fand ich die Idee auch.

So richtig zur Ruhe kamen wir nicht. Die Reißverschlüsse und Knöpfe der Klamotten unter uns pikten, und es waren ja auch noch andere Leute hier, die vielleicht mal reinkommen würden. Deniz löste sich von mir, tätschelte mir die Schulter und rutschte vom Bett. Schließlich hatte sie noch zu arbeiten. Sie verabschiedete sich und steckte Florian einen Zettel mit ihrer Nummer in den Schuh, bevor sie sich anzog und ging. Er und ich blieben nackt auf den Gästemänteln liegen, und das war mir ganz recht so. Natürlich hatte ich bemerkt, dass er sich mehr um mich als um Deniz gekümmert hatte. Er drehte sich zu mir und stützte seinen Kopf in eine Hand.

»Die Nacht muss noch nicht vorbei sein.«

Ich japste.

»Mehr schaff ich nicht, da krieg ich einen Klitoriskollaps.«

Er lächelte geschmeichelt.

»Du bist doch eine Frau, die auf Abenteuer steht.«

Irgendetwas pikte mir ins Kreuz. Ich hob das Becken an und fand einen Spazierstock, auf dessen Knauf ich gelegen hatte.

»Brennende Reifen, bissige Alligatoren, dampfende Cocktails, ich mach mit.«

Ich reichte ihm übertrieben förmlich die Hand: »Ich bin übrigens Sybille, also Billy.«

Mit einem ebenso übertriebenen Seufzer zog er meine Hand an sein Herz und küsste sie.

»Ilsebill. Des Fischers Frau, die nur das Beste akzeptiert. Da muss ich mich ja anstrengen.«

Er sah auf die hochhackigen schwarzen Lackpumps, die ich den Abend über getragen hatte und die jetzt auf dem Teppich lagen.

»Hast du auch Turnschuhe dabei?«

Hatte ich. Wir zogen uns an und schlichen uns raus. Vor der Tür holte ich meine Sneaker aus der Tasche und warf die Pumps hinein. Wie immer seufzte ich kurz, denn das Leben ist auf flachen Schuhen eindeutig schöner. Männer, die auf High Heels bei ihren Frauen bestehen, sollten ein soziales Pflichtjahr auf Pumps absolvieren, die wissen gar nicht, wie es sich anfühlt, wenn sich blitzartige Schmerzen von den gefühllosen Zehen durch den ganzen Fuß bohren und man glaubt, auf Messern zu laufen.

Während ich mit meinen Füßen beschäftigt war, tippte Florian in einer App herum und fand schließlich, was er gesucht hatte.

»Da ist es!«

Er hielt mir das Handy hin. Ich erkannte ein dunkles Foto mit einem noch dunkleren Parkhaus.

»Liegt in der Nähe. Und dann wird es süß.«

Ich hatte keine Ahnung, was das werden sollte, fand es aber gut, als er meine Hand nahm und loslief. Ich ließ mich von ihm führen und trabte neben ihm her, bis wir durch einen privaten Garten huschten. Er half mir über eine niedrige Mauer, sprang selbst mit einem einzigen Satz darauf und sofort darüber. Sein schicker Anzug behinderte ihn offensichtlich gar nicht. Das hätte Mara beeindruckt.

»Wer bist du? Spiderman?«

Er lachte und zog mich weiter, eine Auffahrt hinauf, über ein Garagendach, durch die Anlieferungsstraße eines Hotels.

»Ich bin Trasseur.«

»Ist das was Perverses mit Tieren? Dann will ich nach Hause.«

»Das sind Leute, die Parcouring betreiben. Wir rennen durch die Stadt und lassen uns von nichts aufhalten. Mauern, Zäune, Hausdächer, wir kommen überall rauf und rüber und runter.«

»Das machen wir heute aber nicht, okay? Ich bin nur im Bett sportlich.«

»Im Bett bist du olympiareif. Gelenkige Frauen sind so was von sexy.«

Er zog mich an sich und küsste mich. Seine Zunge war genauso schnell und energiegeladen wie er, und seine Spannung übertrug sich auf mich, bis ich unter Strom stand, als würde ich gleich anfangen zu knistern.

Er schob mich auf eine Mauer. Ich blieb rittlings dort sitzen, bis er auch oben war, dann sprang er runter und fing mich auf.

»Beim Parcouring geht es nicht nur darum, Hindernisse zu überwinden, sondern vor allem sich selbst und seine eigenen Ängste. Ich hatte früher Höhenangst, Platzangst, Angst generell. Trasseur zu sein hat mich befreit. Wenn mich irgendwas belastet, laufe ich einfach los. Und nachdem man ein Gebäude raufgeklettert ist oder eine Brücke runter, kann einen nichts mehr stoppen.«

Ich fand das toll, wusste aber immer noch nicht, was das werden sollte, denn ganz sicher würde ich heute Nacht nicht von einem Dach springen oder einen Baukran bezwingen.

Wir liefen jetzt durch eine kleinere Straße mit geschlossenen Geschäften auf beiden Seiten und kamen an eine Brache mit einem Bauzaun.

»Außerdem findet man bei diesen nächtlichen Ausflügen ganz tolle Gebäude. Es gibt eine verlassene Stadt in der Stadt. Tagsüber sieht man sie nicht, aber nachts steht sie offen. Da gelten andere, eigene Gesetze. Heterotopien, weißte?«

Ein Kerl, der komplizierte Fremdworte benutzt! Am liebsten hätte ich ihn wieder geküsst. Und wieder und wieder. Ich fand ihn wunderbar. Alles in mir prickelte, ich war seit Monaten schon nicht mehr so wach gewesen.

Er führte mich zu einer Lücke im Bretterzaun, und wir stiegen ein.

Es war ein Stadtparkhaus, das offenbar kurz vor dem Abriss stand. Ich erkannte es nicht. Wir waren so im Zickzack gerannt, dass ich keine Ahnung hatte, in welchem Stadtteil wir uns befanden. Absperrband und Warntafeln ignorierte Florian, und wir betraten die Auffahrtsrampe, die vor uns lag, ein großes schwarzes Maul. Langsam stiegen wir die Spirale hoch. Die verlassenen Etagen mit den immer wieder verschiedenen Stadtpanoramen wirkten wie eine Filmkulisse.

»Die leeren Parkdecks könnten auch Tanzsäle sein«, flüsterte ich, »stell dir mal vor, lauter Menschen in Abendkleidern und Smokings, die hier herumschweben.« Er zog mich an sich, und wir drehten uns in einem improvisierten, holprigen Walzer.

»Ich wusste, dass du das verstehen würdest. Es ist für mich so eine Art Asphaltpoesie. Kunst zum Betreten. Man kann sich selbst aussuchen, ob es friedlich verlassen oder apokalyptisch ist.«

»Oder beides.«

Eng aneinandergeschmiegt stiegen wir bis aufs Dach und traten an den Rand. Unter uns funkelte die Stadt, ein Labyrinth aus Lichtern.

»Die würde ich dir gern schenken«, sagte Florian mit theatralisch geöffneten Armen und lachte.

»Aber heute Nacht bleibt es bei einem kleinen Einblick.«

Wir küssten uns wieder. Und wieder. Dann hakte er mich unter.

»Na komm, wir suchen uns irgendwo eine Kneipe mit einer dicken Wirtin, die Gerda heißt, oder einen Imbiss mit einer Gülnur und trinken den größten, heißesten, überzuckertsten und fettigsten Kakao, den sie uns machen kann.«

»Den süßesten Kakao gibt's in meiner Küche«, sagte ich, »ich hab sogar Sprühsahne und bunte Streusel zum Drübersimseln da.«

Also ließ ich ihn das erste Mal in meine Wohnung. Und in mein Leben.

Schwerer Fehler.

Auf dem Platz: VIP-Billets

Nicht nur ich bin hier in der Show irgendwie gestrandet, auch die anderen scheinen ihre Geschichten zu haben, die sie vergessen möchten. Es ist schwierig, etwas aus ihnen herauszubekommen. Ich versuche mich mehr einzufügen und melde mich beim Morgenappell in der Manege für alle anstehenden Arbeiten. Das sind eine Menge. Die übliche Frage »Und was machen Sie tagsüber?«, die ja gern Schauspielern und anderen Künstlern gestellt wird, ist hier völlig absurd. Circusleute trainieren und proben, schrubben, reparieren, packen, falten, räumen und schleppen, es nimmt kein Ende.

Ich kremple die Ärmel hoch und fange bei den Foodtrucks an, zusammen mit dem Bungeepaar, die, wie ich inzwischen erfahren habe, Esther und Carl heißen und eigentlich beim Tagesgeschäft gar nicht mithelfen müssten, weil sie zum Artistenadel gehören.

»Die Patronessa sieht es gern, wenn alle anpacken«, erklärt mir Esther, während wir Kartons mit Lebensmitteln, die auf dem Parkplatz abgeladen worden sind, in die Trucks oder ins Küchenzelt dahinter tragen.

»Und außerdem ist es so: Die Restauration bringt das eigentliche Geld. Kleinere Shows finanzieren sich manchmal komplett über Getränke und Süßkram. Bei uns sind es die Foodtrucks, die den meisten Umsatz machen. Rechne mal durch.

Ein Ticket der billigsten Sitz-Kategorie gegen zwei Taco-Burger mit Bier und Eis für die Show.«

Sie reibt Daumen und Mittelfinger aneinander.

»Die Leute lassen mehr Geld beim Essen als an der Kasse. Wir profitieren alle davon, wenn es hier brummt.«

Nachdem wir die Lieferung verstaut haben, gibt uns die Küchen-Crew Anweisung für die Vorbereitungen. Wir haben die Wahl zwischen Weißkohl schneiden und Wurst vorbraten. Esther und ich entscheiden uns für den Kohl. Carl findet, dass »ein echter Kerl an den Grill gehört«. Bald hüllen ihn dichte, fettige Schwaden ein, und während Esther und ich Wäschekörbe voller Weißkohl klein schnipseln, frage ich sie möglichst unauffällig, wie sie zu ihrer Nummer gekommen sind.

Sie schweigt eine Weile. Erst denke ich, dass sie es mir nicht erzählen will, aber dann habe ich den Eindruck, dass sie überlegen muss.

»Mit der Bungeesache«, fängt sie zögerlich an, »haben wir erst hier bei Inferno begonnen. Wenn ich das noch richtig weiß, war das eine Idee der Patronessa. Die Nummern sind eigentlich alle von ihr.«

»Was habt ihr vorher gemacht?«

»Ach«, sie wedelt mit der Hand vor ihrem Gesicht, »das ist nicht wichtig. Nach dem Unfall war nichts mehr wichtig.«

Ich sehe sie aufmerksam an, bis sie weiterredet.

»Der Carl und ich hatten was getrunken, na ja, wir waren hackedicht, und wir sind mit dem Motorrad gefahren. Und da haben wir auf einer kurvigen Straße diese Frau übersehen. Wir haben sie beide nicht gesehen.«

Es läuft mir kalt den Rücken runter.

»Ist sie gestorben?«

Esther schüttelt den Kopf. »Querschnittslähmung. Hals abwärts.«

Ich weiß nicht, was ich darauf sagen soll, und bin froh, als einige Zeltarbeiter dazukommen und in gebrochenem Deutsch fragen, ob ich gleich beim Falten im Vorzelt helfe.

Falten bedeutet, dass ich Prospekte und Werbezettel zweimal knicken und nach einem bestimmten System in große Kartons legen muss. Das klingt einfach, aber es sind Tausende und Abertausende Prospekte, Berge von widerspenstigem Hochglanz-Papier, und ich schäme mich kurz, weil ich selbst so etwas immer direkt wegwerfe, wenn ich es im Briefkasten finde.

Nach einer Stunde sind meine Fingerkuppen voller Schnitte. Dabei kann ich mich nicht mal mit den Zeltarbeitern unterhalten, denn die meisten sprechen kaum Deutsch, und der einzige Artist an unserem Tisch, ein Kontorsionist, der sich während der Vorstellung in einen winzigen Koffer faltet, indem er sich die Schultergelenke auskugelt, redet nicht mit mir, sondern grunzt nur unwillig, wenn ich etwas sage. Nach drei Stunden bin ich froh, dass uns der Reptilien-Dompteur stört.

Er trägt eine ultrakurze Shorts und sieht wirklich lecker aus, wenn er nicht gerade als Indiana Jones unterwegs ist oder einen Waran in einem Einkaufswagen vor sich herschiebt.

Er gibt mir die Hand, lächelt mich freundlich an und stellt sich als »Wumme« vor. Er fragt mich, wie es mir geht, wie ich mit dem alten Postwagen klarkomme und ob ich mich schon eingewöhnt habe. Seine Fürsorglichkeit rührt mich.

»Du musst mal mit uns zusammen essen. Wir treffen uns ganz hinten bei der Ambulanz-Zufahrt, da riecht man von den Käfigen nichts, und wir haben unsere Ruhe. Die vom Gas-Trapez und die Mad-Max-Warriors sind auch dabei.«

Er lacht.

»Keine Sorge, privat sind die harmlos.«

Das Gas-Trapez ist eine Nummer, bei der ein grün leuchtender Nebel hoch unter der Chapiteau-Kuppel versprüht wird und die Flieger und Fänger mit Gasmasken arbeiten. Die oben wabernde Wolke erzeugt zusammen mit den phosphoreszierenden Trikots optisch einen irren Effekt. Durch die Masken und den Nebel haben die Artisten eine komplett eingeschränkte Sicht und müssen funktionieren wie ein Uhrwerk, um sich nicht zu verpassen. Es gibt keine Sicherheit, anders als bei normalen Shows, die ein Netz aufspannen und in denen sich die Artisten für jeden Absturz Ärger mit den Chefs einhandeln und man ihnen dann etwas vom Honorar abzieht.

Die Mad Max Warriors nun wieder sind eine Truppe, die mit martialischen Endzeit-Kostümen durch die Manege rennen und mit Maschinenpistolen aufeinander schießen. Ähnlich wie früher bei den Messerwurfnummern steht einer oft vor einer Wand, und ein Kollege feuert eine Salve so nah um seinen Körper herum, dass man anschließend seinen Umriss als Lochmuster sehen kann. Rund um die Manege werden für diese Nummer große Scheiben aus kugelfestem Glas herabgelassen, damit keine Querschläger das Publikum verletzen. Mir ist es völlig schleierhaft, wie man mit diesen Waffen aufeinander losgehen kann, ohne dass etwas passiert. In der Manege herrscht ein Höllenlärm, und die Leute auf den Rängen rasten völlig aus.

Ich lege eine Hand auf mein Herz.

»Ich bin gestorben, als ich die das erste Mal gesehen habe.«

Wumme winkt ab.

»Ach, so schnell stirbste nicht.«

Dann beugt er sich zu dem Artisten, der wie eine Maschine Prospekte faltet.

»Ramon, zwei Sachen«, sagt er und greift sich auch einen Stapel, um nicht unnütz herumzustehen.

»Die Patronessa fände es gut, wenn deine Nummer etwas mehr Schmackes bekäme.«

Ich sehe ihn ungläubig an. Mehr Schmackes, als sich zweimal täglich die Schultergelenke auszukugeln? Was soll er denn noch machen? Sich die Schienbeine brechen, damit er sich in ein Handschuhfach quetschen kann?

Fast hätte ich das vorgeschlagen, aber ich glaube, dieser Ramon ist komplett humorbefreit, also lasse ich blöde Sprüche besser.

Wumme räuspert sich.

»Sie fragt, wie lange du brauchen würdest, um unauffällig aus dem Koffer zu verschwinden, wenn er am Ende auf dem Schrottauto steht. Angenommen, der Koffer hätte einen Boden, den du von innen lösen kannst. Kommst du dann raus, ohne dass dich jemand sieht, und wie lange dauert das?«

Der Artist überlegt.

»Müsste ich probieren. Gehen geht das schon.«

»Das wird die Patronessa freuen«, sagt Wumme und klopft Ramon auf die Schulter. »Sie will den Koffer nämlich sprengen.«

Ich reiße mich zusammen, um nicht doch noch etwas Respektloses zu sagen. Der Artist selbst nickt nur, fast gleichgültig.

»Wenn sie das so will.«

Wumme faltet währenddessen ungerührt weiter und ist schon beim fünften Karton. Alle anderen außer mir falten in einer affenartigen Geschwindigkeit, wie lange muss man das wohl machen, um so schnell zu werden?

»Zweitens: Was ist mit der VIP-Vorstellung heute Nacht? Nimmst du ein Billet?«

Der Kontorsionist sieht Wumme jetzt erst wirklich an.

»Ich war schon letztes Mal dabei.«

Wumme zuckt mit den Schultern.

»Bungee-Esther und Betty von den Warriors kommen, Lu-Ann vom Feuertrampolin auch, die sind doch alle süß. Und die Patronessa sieht es gern, wenn …«

Der Artist stoppt ihn, »jaja, gib schon her.«

Wumme zieht eine Visitenkarte aus seiner Shorts, schreibt etwas darauf und überreicht sie.

Lächelnd nickt er mir zu. »Vergiss unser Essen nicht, du bist immer willkommen.« Dann schlendert er aus dem Vorzelt. Die anderen falten weiter. Niemand erklärt mir, was es mit diesen VIP-Vorstellungen auf sich hat. Noch riskanter als die normalen können sie kaum sein. Wummes Kommentar über die drei Frauen lässt mich vermuten, dass es eher um Sex geht als um Gefahr. Was wäre das für eine Story: tagsüber Action-Show, nachts Privatpuff. Unendliches Material für meine »Eros to go«-Kolumne, Billy, dein Leben hat doch einen Sinn! Ich entschuldige mich bei den Zeltarbeitern und stürme hinaus, Wumme nach. Ich muss in diese Show.

»Musst du überhaupt nicht«, sagt er kopfschüttelnd, als ich ihn am Requisitenwagen erwische. »Das ist nichts für dich.«

»Die Patronessa sieht es doch gern, wenn alle mit anfassen.«

Ich recke meine Fäuste hoch, sodass ich wie die Karikatur eines Bodybuilders dastehe. »I've got two strong arms! I can help!«, zitiere ich den alten Popsong, und es wirkt. Wumme muss lächeln, aber er sträubt sich noch.

»Ich hatte einen echt doofen Einstand bei der Chefin«, umschmeichle ich ihn, »und wenn sie es gern sieht und ich mich ein bisschen beliebt machen kann, lass mich doch Requisiten schleppen oder Süßigkeiten verkaufen.«

Wumme runzelt die Stirn. »Herzchen, Süßigkeiten interessieren bei diesen Veranstaltungen niemanden.«

Er zögert. Dann holt er doch so ein Kärtchen raus. Wumme kritzelt »Requisite/Licht!« darauf und gibt es mir.

»Zwei Uhr heute Nacht. Artisteneingang. Zieh dir einen Morphsuit aus dem Fundus an.«

Ich hüpfe auf und ab, gern wäre ich ihm um den Hals gefallen, aber ich will ihn nicht verschrecken, also bedanke ich mich artig und gehe zurück in meine Papierhölle. Falten, knicken, falten, in den Karton. Und von vorn.

Mir ist schon heiß, bevor es losgeht. Die Artisten und Zeltarbeiter haben ihre Grills gelöscht und sind schlafen gegangen, der Platz ist bis auf wenige Lichter dunkel, doch die Hitze hat sich gehalten. Der Morphsuit macht es nicht besser. Ich war mir unsicher, ob das vielleicht nur ein Spaß von Wumme war, aber ich habe getan, was er gesagt hat, und mir im Fundus einen schwarzen Ganzkörperanzug aus Nylon besorgt, der meinen Körper komplett bedeckt und nur Hände, Füße und die Augenpartie freilässt. Über Mund und Nase geht ein schwarzer Netzstoff, sodass ich atmen kann.

Als ich im Chapiteau Musik höre, leise, hypnotische Trommeln diesmal, nicht den schrillen lauten Rock der Band, gehe ich durch den Artisteneingang bis zur Manege. Nirgendwo brennt Licht, nicht im Außenbereich des Chapiteaus und auch drinnen nicht, nur wenige schwache Lichter von der Notbeleuchtung glimmen an den Eingängen. Kein Wunder, dass ich fast eins der Mädchen von der Fußjonglage anremple. Bisher habe ich sie noch nicht persönlich kennengelernt, aber ihre Nummer ist atemberaubend.

Die beiden Japanerinnen strecken sich in jeder Vorstellung auf dem Rücken aus und jonglieren große Glaskugeln mit einer ätzenden Flüssigkeit. Es beginnt immer damit, dass sie zwei dieser Kugeln fallen lassen, die zerbersten auf dem Manegeboden, die Splitter liegen überall, aber das scheint sie nicht zu kümmern. Barfuß laufen sie durch die Scherben, ziehen sich die Trikots aus, bis sie fast nackt vor dem Publikum stehen, hängen sie auf und sprühen eine trübe, leuchtende Flüssigkeit aus einem Tank dagegen. Die Trikots werden von der dampfenden Chemikalie sofort zerfressen, bis nur noch Fetzen übrig sind. Dann füllen sie dieselbe Lauge aus diesem Tank in neue Glaskugeln, legen sich hin, werfen sie hoch und fangen sie mit den Füßen wieder auf wie die Kugeln, die sie vorhin zerbrechen ließen. Ich bin sicher, dass die Jonglage-Kugeln eben nicht aus Glas sind und dass sich darin auch keine Säure befindet, aber bisher habe ich noch nicht den Moment gefunden, in dem beides ausgetauscht wird. Die Illusion ist wie bei allen anderen Nummern perfekt. Und das Publikum rast und kauft von den Zeltarbeitern oder mir neonfarbene Atemmasken und Inhalatoren aus Zuckerguss.

Die Artistin erschreckt sich kurz, im Dunkeln bin ich durch meine Verkleidung fast nicht zu sehen. Sie selbst ist völlig nackt bis auf dünne Silberketten, die kreuz und quer über ihren zierlichen Oberkörper fallen. Freundlich nickt sie mir zu und flüstert ihren Namen: Masako. »Von der Antipodennummer«, fügt sie noch hinzu, als wüsste ich das nicht. Sie nickt in die Manege und strafft die Schultern.

»Guck, es geht los.«

Die Trommeln werden etwas lauter und schneller, eine Klarinette setzt ein. Masako läuft in die Manege. Das Licht geht an, aber nicht die Scheinwerfer aus der normalen Vorstellung, sondern rote Schummerfunzeln, die gerade mal die Manege ausleuchten. Offenbar sind die Zuschauerränge leer, eine Handvoll Männer und Frauen sitzen nackt auf dem Manegenrand, jeder hat neben sich ein Bündel mit seiner Kleidung ordentlich zusammengefaltet. Die VIP-Veranstaltung fängt mit einem ähnlichen Herumtoben an wie die normale Show. Die Artisten tanzen durch die Manege, aber langsam, tranceartig, lasziv. Ich erkenne Wumme als Erstes. Für einen Mann seiner Größe und seiner Statur bewegt er sich erstaunlich elegant. Seine Muskeln glänzen im roten Licht, sein Penis ist halb steif, während er an den Zuschauern entlangläuft und manche von ihnen hochzieht, um ein oder zwei Drehungen mit ihnen zu tanzen oder sie an sich zu drücken. Auch die VIPs haben entrückte Gesichter, als würden sie schlafwandeln. Ramon verbiegt und faltet sich, er schlängelt sich scheinbar knochenlos zwischen den Beinen der anderen durch oder presst sich neben einen Sitzenden. Lu-Ann hüpft nackt auf einem Trampolin, das sie diesmal aber nicht angezündet hat. Dafür bin ich ihr dankbar, es würde sonst noch unerträglich heiß im Chapiteau. Ihre Brüste wippen bei jedem Sprung. Masako hat sich in Positur gelegt, spreizt die Beine, sodass ihr die Zuschauer genau in die Möse sehen können, und zieht die Knie zum Körper, damit ein kleiner, drahtiger Beleuchter, der eine große Narbe auf der Stirn hat, sich auf ihre Füße setzen kann. Schwungvoll presst sie die Beine in die Höhe und balanciert den Beleuchter, der bedächtig seinen Schwanz reibt und den Frauen im Publikum zuwinkt. Mit einem Rauschen rollt sich Esther von der Chapiteaukuppel in einem Tuch ab und schwebt ebenfalls hüllenlos wie alle anderen über ihren Kollegen. Fehlt noch Betty, es dauert einen Moment, bis ich sie erkenne ohne ihr Warrior-Kostüm. Sie hat mit schwarzer Farbe Zeichen auf ihren nackten Körper gemalt und läuft zwischen den einzelnen Nummern hin und her. Mal springt sie zu Lu-Ann aufs Trampolin, mal hält sie Esther in ihrem Flug an, küsst sie und schubst sie wieder, damit sie weiter ihre Runden fliegen kann, mal schmiegt sie sich an Wumme und lässt sich von ihm hochheben.

Dann, nach einem einzelnen Trommelschlag, wird es schlagartig dunkel, das Intro ist vorbei. Ich taste nach dem Gestell von Lu-Anns Trampolin, um nicht zu stolpern, mir wird ein bisschen schwindlig, wahrscheinlich ist es einfach zu heiß.

Als das Licht wieder angeht, sitzen die VIP-Zuschauer nicht mehr auf dem Manegenrand, sondern sind von den Artisten geholt worden. Betty kniet direkt neben mir auf dem Trampolin über einem Mann, zieht aus ihrem Kopfschmuck ein Kondom und führt sich seinen Schwanz ein. Jetzt verstehe ich, warum zwar niemand Kleidung oder Dessous trägt, aber alle eine Kopfbedeckung, denn auch die anderen nesteln Kondome aus ihren Turbanen, Haarreifen, Bandeaus und Hüten. Lu-Ann reitet ihren Zuschauer, und je heftiger sie sich dabei bewegt, desto stärker wippt die Springfläche. Der Mann liegt unter ihr und sieht an die Decke, ohne eine Miene zu verziehen. Wumme finde ich zwischen zwei Frauen, einer kleinen dicken Blonden und einer größeren Brünetten. Während er die Blonde vor sich trägt, mit seinen großen Händen unter ihren Hinterbacken, und sein nicht weniger großer Schwanz sich in ihrer Möse versenkt hat, fingert er die andere Frau, die sich an ihm reibt und sich selbst die Brüste knetet. Ramon nimmt eine ältere Frau mit eleganter Hochsteckfrisur von hinten, er hat sie über den Manegenrand gelegt, sich über sie gebeugt und fickt sie mit gleichmäßigen Stößen. Hinter ihm steht der Zuschauer, der vorhin noch ganz links gesessen hat, und fickt ihn seinerseits im gleichen Rhythmus. Esther schwebt immer noch, hat aber jetzt jedes Bein in einer Schlaufe des Tuchs, sodass sie mit gespreizten Schenkeln in der Luft hängt, zwischen ihren Beinen steckt der Kopf eines Mädchens und leckt ihre Möse. Ein junger Mann hinter ihr spielt an Esthers Arschloch und wichst sich dabei. Betty lutscht den Schwanz eines zierlichen Asiaten und wird dabei von einer anderen Frau gefingert, die mit ihrer Hand so schnell über ihre Möse rubbelt, als hätte man ein Video auf Vorspulen gestellt. Niemand beachtet mich. Ich gehe zwischen den Gruppierungen aus nackten Körpern herum und sehe mir an, wie gefickt, gerieben, geleckt und gestoßen wird. Niemand sagt etwas. Und keiner sieht den anderen an. Sie vögeln wie in einem Traum miteinander, einige Paare ganz langsam, fast in Zeitlupe, andere schnell und mechanisch. Man hört nur das Aufeinanderklatschen von feuchten Körpern, aber keine Seufzer, Lustschreie oder Lachen. Lu-Ann hat ihren VIP fertig geritten und wendet sich dem Mann hinter Esther zu. Sie macht einen Handstand und spreizt ihre lang gestreckten Beine, er streicht an ihren Oberschenkeln entlang und betastet ihre Möse, bevor er ihr einen Finger hineinsteckt und ihren Kitzler leckt. Das Mädchen, das an Esthers Möse gesaugt hat, greift nach seinem Schwanz und reibt ihn dabei. Auch die anderen wechseln jetzt die Partner und wenden sich anderen Besuchern zu. Mir fällt auf, dass niemand aus der Show einen Kollegen oder eine Kollegin vögelt, obwohl es auf dem Platz sonst anscheinend jeder mit jedem treibt. Ich sehe eine Weile

Wumme und den beiden Frauen zu, die inzwischen getauscht haben. Jetzt klammert sich die Brünette mit den Beinen über seiner Hüfte fest und lässt sich von ihm stoßen. Ich fühle, wie feucht der Morphsuit zwischen meinen Beinen schon ist. Noch nie habe ich so viele nackte, fickende Menschen gesehen, die Trommeln, die wieder eingesetzt haben, heizen uns zusätzlich ein. Dabei ist alles ganz unwirklich, weil niemand etwas ruft oder sagt. Ich reibe meine Brüste durch den Nylonstoff und wünsche mir eine Hand zwischen meinen Beinen. Als der Zuschauer vom Trampolin rutscht und einen Moment allein herumsteht, gehe ich zu ihm, greife mir seine Hände und lege sie auf meine Brüste. Irgendwo an der Hüfte muss der Reißverschluss sein, ich taste danach und ziehe ihn auf. Aber noch bevor er seine Hand in meinen Anzug schieben kann, dahin, wo es pocht und glitschig ist und gefingert werden will, fasst mich Ramon an den Schultern und schiebt mich zur Seite. Er hat die beiden Besucher von seinem Dreier dabei und überlässt sie dem Mann am Trampolin, während er mich zum Artisteneingang bringt und mir dort einen Bauchladen umhängt.

»Wumme hat gesagt, du machst Requisite, also mach Requisite«, zischt er und zeigt in die Manege. »Das geht hier noch stundenlang. Sieh mal zu, dass alle bei Laune bleiben.«

In dem Bauchladen sind die unterschiedlichsten Sexspielzeuge, Vibratoren in jeder Größe und Form, Analkugelketten, Peitschen, Handschellen, Gleitgel, Nippenklemmen, Kondome. Ich gehe herum, biete meine Waren an, und bald verschwinden die Dildos in Mösen und Ärschen, kleine Auflagevibratoren schnurren über Klitorisse, Plugs und Analkugelketten werden eingeführt und herausgezogen, über den Trommeln liegt jetzt das Surren der kleinen Maschinen. Ich bin längst müde, aber ein Ende ist nicht in Sicht. Immer wieder wechseln die Artisten die Partner, ich sehe Gruppen mit vier oder fünf Körpern, allein masturbierende Frauen, ineinander versunkene Pärchen und Männer, die abwechselnd ficken und gefickt werden. Die Kombinationsmöglichkeiten sind hier unendlich, und ich habe das Gefühl, sie werden sie alle heute Nacht durchturnen. Irgendwann schlafe ich, ans Trampolin gelehnt, ein und werde erst wieder wach, als die Musik aufhört und die Besucher das Chapiteau verlassen.

Verschwitzt und fiebrig glühend stehe ich draußen vor dem Zelteingang, atme gierig die Nachtluft ein und reiße mir den Morphsuit vom nassen Körper. Die Abkühlung ist herrlich. Da bemerke ich eine Gruppe Artisten, die schweigend zusammenstehen, unter ihnen Ramon, der Kontorsionist, und das andere japanische Mädchen aus der Antipodennummer, Masakos Kollegin.

Sie beobachten die Artisten, die aus der VIP-Show kommen, und schweigen. Ramon wischt sich mit einem Handtuch ab und sieht älter aus als tagsüber. Ihre Gesichter sind im Dunkeln kaum zu erkennen, aber ich finde, dass sie feindselig wirken. Offenbar sind also nicht alle von diesen Zusatzvorstellungen begeistert. Vielleicht gibt es ein Extrahonorar für die, die mitmachen, und die anderen finden das unfair? In meinem Kopf rattert es, und meine Fingerspitzen kribbeln, wie immer, wenn ich eine Story wittere.

Was ist, wenn sie nicht freiwillig hier sind?

Kein Mensch setzt sich normalerweise solchen Gefahren wie bei diesen extremen Akrobatiknummern aus. Und welche Artisten von diesem Niveau lassen sich schon für erotische Zusatzleistungen verpflichten?

Vielleicht haben sie sittenwidrige Knebelverträge mit der Patronessa geschlossen. Vielleicht werden sie erpresst und arbeiten in einem Sklavenverhältnis. Das wäre die Mega-Geschichte, mein Chefredakteur würde auf den Text abspritzen – vorausgesetzt, ich kann es beweisen. Mir kommt eine Idee. Ein Kollege beim Magazin ist mir einen Gefallen schuldig, und ich weiß, dass er einen Kumpel beim Ordnungsamt hat. Reisende Shows werden doch bestimmt überprüft auf Arbeitsgenehmigungen und alles Mögliche. Ich meine, das hier ist Deutschland, hier brauchst du einen amtlichen Schrieb, wenn du dein Eis links- statt rechtsrum lecken willst. Der Kumpel soll mal für mich suchen, ob es bei INFERNO irgendwelche Unregelmäßigkeiten gibt. Ich bin ganz aufgeregt, fühle mich andererseits auch ein bisschen schuldig, weil ich niemandem Stress machen will. Wer weiß, was ich damit lostrete, wenn ich eine Behörde auf die Show ansetze. Aber los, Billy, du bist hier nicht im Urlaub oder im Freundschafts-Camp, sondern zur investigativen Recherche, auf Bewährung, wie mein Chef es so nett formuliert hat. Gehe ich ohne einen Knaller raus, kann ich in der Redaktion meine Sachen packen.

Ich muss das gleich erledigen, sonst überlege ich es mir wieder anders. Ich schlendere also über den dunklen Platz, lasse die redenden und lachenden Artisten, die aus der Privatshow kommen, hinter mir, höre noch, wie die ersten Wasserschläuche angestellt werden, und tappe am Zelt entlang zum Bretterzaun. Auf dem Parkplatz steht diese alte Telefonzelle, und wenn die nicht funktioniert, muss ich eben zur Straße laufen und hoffen, dass es da irgendwann eine Tanke gibt, wo ich telefonieren kann. Ich habe den Zaun schon fast erreicht, als mir Wumme mit der Patronessa entgegentritt. Er hat sich einen Lendenschurz umgebunden, trägt aber noch das Bandeau.

Sie hält eine gewaltige Katze auf dem Arm. Keine normale Hausmieze, sondern ein merkwürdig wild aussehendes Tier mit rot-weiß-schwarzer Zeichnung und Puscheln an den übergroßen Ohren. Die Schnurrbarthaare sind dick und schwarz wie Draht. Kein Luchs jedenfalls, aber was das genau ist, weiß ich nicht. Sie krault es liebevoll unter dem Kinn und winkt mich zu sich.

Mit ihrer fleischigen alten Hand streicht sie mir über die Wange, als wäre ich auch eines ihrer Haustiere.

»Ich habe gehört, dass du sehr hilfreich warst bei der Sondervorstellung«, schnurrt sie mich an. »Ich sehe das gern, wenn sich hier alle mit einbringen.« Sie tätschelt meinen Kopf, und ich sage wie ein braves Stubenmädchen: »Hab ich gern gemacht, Patronessa Karona.«

Sie legt mir den Arm um die Schulter, und während sie über das Chapiteau plaudert, wie großartig die neue Deckenaufhängung ist und wie wunderbar die Lichtanlage, gehen wir zurück zur Platzmitte. Dort verabschiedet sie sich und nickt Wumme zu.

»Morgen bringe ich diese kleine Schönheit in die Aufzuchtstation.«

Er nickt, und als sie sich umdreht und zu ihrem Caravan in den dritten Kreis geht, legt sich meine Hand wie von selbst in seine. Er zieht mich an sich, und wir küssen uns zum ersten Mal. Obwohl ich ihn in den letzten Stunden dabei beobachtet habe, wie er Frauen und Männer aus allen Richtungen gefickt hat, ist der Kuss viel intimer und privater, und eine Gänsehaut rieselt mir den Rücken rauf und runter.

»Was für eine merkwürdige Katze«, sage ich, und Wumme zuckt mit den Schultern.

»Manchmal verirren sich Tiere hierher. Sie bringt sie morgens wieder weg. Das ist für alle das Beste. Wir sollten außer Reptilien nichts haben.«

Ich kriege dieses wilde Katzengesicht nicht aus dem Kopf.

»Irgendwie erinnert mich die Muschi an dieses gruselige Gemälde von der Patronessa«, sage ich und schmiege mich an Wumme. Er weiß sofort, was ich meine.

»Ja, das ist schräg. Ich habe immer das Gefühl, es starrt mich an.«

Meine Stirn passt genau in die Mulde an seinem Hals.

»Das kommt bestimmt durch die Spiegel. Aber so richtig strange sind doch wohl die Schnurrbarthaare.«

»Wieso, welche Schnurrbarthaare?«

Ich hebe meinen Kopf und sehe ihn ungläubig an. Wie kann es sein, dass er die übersehen hat?

Meine Hände verschränken sich mit seinen. Die sind groß und stark, und ich will sie am liebsten heute Nacht gar nicht mehr loslassen.

»Reden wir von demselben Bild? Welches meinst du denn?«

Er räuspert sich, und sein Kreuz versteift sich ein bisschen, als würde er nicht gerne darüber nachdenken.

»Na ja, das in ihrem Wagen. Dieser Ölschinken. Der strenge alte Mann, der wie ein Zuchtmeister aussieht und der diese komischen geschwungenen Augenbrauen hat wie die Katze, nur dass er Okulare statt Augen hat und eine riesige Nadel in der Hand hält. Dieser Nadel-Cyborg halt.«

Ist mir völlig unbekannt. Kann es sein, dass die Patronessa eine große Kunstfreundin ist und mehrere Ölgemälde besitzt, die sie abwechselnd auf- und abhängt? Irgendwie kann ich mir das bei ihr nicht so richtig vorstellen. Obwohl ich am liebsten direkt nachsehen würde, will ich mich nicht von Wumme lösen und dränge mich noch näher an ihn heran.

»Wenn du dich nicht vor Schlangen fürchtest, kannst du bei mir schlafen«, sagt er und küsst mein Haar.

»Ich dusche auch gleich noch mal.«

Aber das ist mir gerade völlig egal, ich hebe ein Bein und schlinge es um seine Hüfte, während ich ihn weiter umhalse. Mühelos hebt er mich, die Hände unter meinem Hintern, hoch, und ich klammere mich mit beiden Beinen um seine Taille. So trägt er mich über den nächtlichen Platz am Chapiteau vorbei auf die andere Seite, wo die Käfige stehen.

Ich hebe noch mal den Kopf und sehe ihm ins Gesicht.

»Die Viecher sind in Terrarien, ja? Die kriechen nicht einfach so in deinem Wagen rum?«

Er muss lachen.

»Die haben viel mehr Angst vor dir als du vor ihnen.«

In der Stadt: acht Wochen vorher

Wie weich Florians Haut war! Ich konnte das gar nicht fassen. Keine einzige raue Stelle. An den Ellenbogen nicht, an den Händen nicht, nicht mal an den Füßen. Wir knieten mit verbundenen Augen auf dem Teppich in meinem Wohnzimmer, dem mit den dicken grünen Troddeln, der wie ein Stück Sommerwiese aussah. Die Tür zum Balkon war weit geöffnet. Es war die erste richtig heiße Nacht im Jahr, tagsüber hatte der Asphalt fast gedampft, und auch jetzt, mitten in der Nacht, kühlte es kaum ab. Ich tastete über ein Schlüsselbein. Er war so dünn, dass ich den Knochen genau fühlen konnte.

»Spatzenknochen«, wisperte ich und küsste die Vertiefung darüber.

»Hänfling mit Trichterbrust«, sagte er und legte meine Hand auf seine Rippen. Auch da fühlte ich jede einzelne. »Hast dir eben keinen Meister Proper ausgesucht.«

Ich lächelte.

»Mir ist Hirn lieber als Hulk. ›Dumm fickt gut‹ halte ich für ein Gerücht.«

Wir küssten uns. Er schmeckte nach Kaffee, Wodka und Sahne. Wir hatten schon einige White Russians intus.

Er nahm meinen Kopf vorsichtig zwischen seine Hände.

»Absolut, Ilsebill. Dein Verstand ist die schärfste erogene Zone.« Seine Hände wanderten über meine Schultern zu meinen Brüsten und hoben sie leicht an, als wollte er sie wiegen.

»Aber deine anderen erogenen Zonen sind auch nicht schlecht.«

Er kitzelte mich unter den Achseln, und ich musste kichern, krümmte mich schließlich vor Lachen, als er nicht aufhörte, und rollte mich auf die Seite. Japsend lag ich im dicken Teppich, als er mich endlich wieder an Stellen berührte, die mich nicht hysterisch kreischen ließen. Die Nippel. Der Bauchnabel. Meine Möse.

Er zog mich hoch, sodass ich auf allen vieren vor ihm kniete, und stellte meine Beine weiter auseinander. Dann legte er sich auf den Rücken und robbte unter mich, bis sein Gesicht auf Höhe meiner Möse lag. Eine Weile sah er mich einfach an, und ich konnte seinen Atem an meinen Schamlippen fühlen.

»Du hast eine außergewöhnlich hübsche Fotze«, sagte er und berührte sie mit den Fingerspitzen.

»Eine sehr hübsche, saftige, leckere Fotze.«

Er zog mich tiefer und vergrub sein Gesicht in meiner Möse. Seine Nase teilte meine Mösenlippen, und seine Zunge erforschte die nasse Ritze.

Ich stöhnte.

»Wenn ich mich rumdrehen würde, könnte ich dir den Schwanz lutschen«, hauchte ich.

Ohne seinen Mund von meiner Fotze zu nehmen, brummte er irgendetwas, es kribbelte so in meiner Spalte, dass ich wieder lachen musste. Und weil er meine Hinterbacken weiterhin gepackt hielt, wollte er uns offenbar gerade nicht umbauen. Seine Zunge schlängelte und leckte meine Möse, und ich konzentrierte mich auf die Hitze zwischen meinen Beinen. Aber als er mir zusätzlich zwei Finger tief hineinsteckte und sie langsam bewegte, quälend langsam, rückte ich von ihm weg und verkündete: »Schluss damit, ich muss jetzt gefickt werden.«

Ich drehte mich auf den Rücken und zog die Beine an, lag da wie ein geiler nasser Käfer und wartete darauf, dass er seinen Schwanz endlich in mich hineinschob. Florian angelte sich ein Kondom aus seiner Jeans, rutschte zwischen meine Beine und stieß in mich. Ich jaulte auf und wollte es härter. Mit den Ellenbogen stützte ich mich ab, um ihm mehr Kontra geben zu können, und schlang die Beine um seine Schultern. Bei jedem Stoß rutschte sein Schaft über meinen Kitzler. Wenn ich den Rücken weiter durchgedrückt hätte, wäre die Reibung perfekt gewesen und ich bald gekommen, aber ich wollte es hinauszögern. Ich mochte es, wenn Florian zuerst kam und er mich anschließend, nach dem Ficken, fertig wichste. Er legte dann die ganze Hand auf meinen heißen und vor Lust prallen Venushügel, presste ihn, als würde er einen Teig walken, und die Orgasmen, die er mir damit bescherte, waren lang und intensiv. Aber jetzt war erst einmal Ficken angesagt. Ich stöhnte bei jedem Stoß laut und atmete tief und rasselnd, wenn er sich wieder aus mir zurückzog. Ich merkte, wie ich viel zu schnell kam, und pustete mir den Pony aus der Stirn.

»Lass uns nach draußen wechseln«, ich nickte Richtung Balkon.

Widerstrebend zog er seinen Schwanz aus mir, und wir huschten nach draußen, wo ich mich quer in die niedrig gespannte Hängematte warf und er sich vor mich auf ein dickes Kissen kniete. Er drang wieder in mich ein, und wir vögelten weiter, leise jetzt, damit die Nachbarn nichts merkten. Florian beugte sich über mich und presste meinen Oberkörper an sich. Er flüsterte heiser in mein Ohr.

»Ich wüsste zu gern, wie sich das für eine Frau anfühlt, gefickt zu werden.«

Ich sah ihn überrascht an.

»Also mit der Frau, da kann ich dir nicht helfen, aber ficken kann ich dich schon, wenn du das mal probieren möchtest. Ich hab Dildos in jeder Größe hier.«

Das sind die Vorteile im Leben einer Erotik-Journalistin, ich bekomme immer wieder Gratispakete von allen möglichen Sextoy-Firmen, mein Kleiderschrank sieht aus wie das Pleasure-Treasure von Madame de Sade.

Aufmunternd lächelte ich ihm zu, denn ich bin immer dafür, wenn man seine Grenzen austestet, und dass er es offenbar noch nicht erlebt hatte und ich seine Erste sein würde, machte es umso intimer.

»Vielleicht einen kleinen«, überlegte er. Ich sprang auf, hüpfte in mein Schlafzimmer, wo ich meine Toys in einer großen bunten Kiste aufbewahrte, und kam mit einem mittellangen, schmalen Jellydildo zurück.

»So was? Den hatte ich auch schon im Arsch, also das geht ganz gut.«

In der anderen Hand hielt ich eine Tube Gleitgel. Er nickte zögernd. Und drehte sich um, sodass er bäuchlings auf der Hängematte lag. Ich kniete mich zwischen seine Beine und streichelte seine Pobacken. Langsam drangen meine Finger tiefer in seine Spalte vor, massierten sein Poloch, bis er die Beine weiter auseinanderstellte und zustimmend stöhnte. Ich wärmte das Gleitgel zwischen meinen Fingern an und glitt seine Ritze hoch und runter, erst ganz leicht und dann etwas fester. Als ich schließlich mit dem Zeigefinger in seinen Arsch eindrang, japste er leise, aber das war noch nichts Neues. Wenn er mich fickte, während ich auf dem Rücken lag, steckte ich ihm auch manchmal einen Finger hinein, und ich wusste, dass er das mochte. Jetzt, wo ich hinter ihm kniete, hatte ich aber viel mehr Handlungsspielraum und konnte den Finger tief hineinschieben und ihn in seinem Arsch bewegen. Nach einer Weile seufzte er: »Okay, mach's mir.« Ich bestrich den Dildo und seine Ritze großzügig mit Gleitgel, setzte den Dildo an, drückte die Eichel in sein Poloch und wartete.

»In der Möse ist es vorn am Eingang besonders empfindlich«, sagte ich, »deshalb finde ich es immer schön, wenn du hier einen Moment wartest und den Schwanz nur ganz wenig bewegst, bevor du ihn mir tiefer reinsteckst.«

Ich schob den Jellydildo Stückchen um Stückchen vorwärts.

Florian japste. Ich wartete, und er sagte schließlich: »Ficken ist mir jetzt zu heftig, lass ihn einfach so.« Während ich den Dildo mit der einen Hand in Position hielt, griff ich unter ihn, umfasste seinen Schwanz, rollte das Kondom ab und rieb ihn. Meine Hand war feucht und klebrig vom Gleitgel, ich umfasste seinen Schaft fester und wichste ihn, bis er kam. Dann zog ich vorsichtig den Dildo aus seinem Hintern, stellte ihn weg und küsste ihn auf die Pobacke.

Er drehte sich um.

»Wow, das war aber mal was ganz anderes!«

Ich lachte und nickte.

Wir kuschelten uns auf der schaukelnden Hängematte zusammen, lagen Löffelchen, und er griff von hinten zwischen meinen Beinen hindurch und legte seine Hand auf meine jetzt sehr nasse und ungeduldige Möse.

»Nachdem du mich anal entbubt hast, werde ich dich zum Dank ein bisschen fingern«, sagte er, und ich kuschelte mich an ihn. »Ich bitte darum.«

Der Mösengriff wurde fester, sein Handballen presste sich auf meine Klit, rutschte hin und her, und ich kam schnell, mit einem langen und für die Nachbarn sicherlich hörbaren Seufzer. Florian zog eine Decke über uns, und leise schaukelnd dösten wir.

»Meine Billy«, hauchte er in meinen Nacken, »meine, meine Billy. Die Schönste. Wunderbarste. Einmaligste.« Bei jedem Wort küsste er mein Haar.

»Einmalig kann man nicht steigern«, klugscheißerte ich und lachte wieder, als er mich zum Spaß in den Busen biss. Die Hängematte schaukelte gefährlich, und ich hielt mich mit einer Hand am Balkongeländer fest, damit wir nicht das Gleichgewicht verloren.

Gerade als Florian nach dem Cocktailshaker auf dem Fensterbrett griff, klingelte innen das Telefon. Er runzelte die Stirn. »Was für'n Idiot ruft dich denn mitten in der Nacht an?«

Ich drehte mich schläfrig auf die andere Seite, die Hängematte schwankte wieder. »Keine Ahnung.«

Das Klingeln hörte nicht auf.

»Hast du Stress mit Perversen?« Er rappelte sich hoch und ging nackt ins Wohnzimmer.

»Gibt's hier eine Trillerpfeife irgendwo?«

Ich tappte unwillig hinter ihm her.

Der Anrufbeantworter sprang an. Ich wollte abnehmen, aber Florian hielt mich zurück.

»Wenn das ein kranker Spinner ist, soll der erst mal sagen, was er will.«

Aber es war kein kranker Spinner, sondern ein eigentlich netter Kollege aus der Redaktion. Ich erkannte seinen bayrischen Akzent sofort.

»Huhu Billy, grüß di, i woaß, 's ist Schloafnszeit, aber mei, du bist ja a Fledermauserl. I hoab ane Pfundsidee für dei G'schichtn. Zwoa irre Typen beim Zierkus. Los, geh scho ran, des wird der Wahnßinn. Billy? Traumst echt scho?« Kehliges Lachen. »Von mia b'stimmt.«

Da reichte es Florian. Er griff sich den Hörer und schnauzte: »Ruf gefälligst meine Freundin nicht mitten in der Nacht an, du Sepp! Mach dich vom Acker!«

Er warf den Apparat aufs Sofa und sah mich wütend an. »Läuft was mit dem?«

Ich war so überrascht, dass ich gar nicht wusste, wie ich reagieren sollte.

Mein Schweigen machte Florian noch wütender.

»Kannst du mir schon sagen, wenn du mal einen anderen Schwanz brauchst. Ein bisschen Ehrlichkeit wär halt schön gewesen. Ich hab gedacht, das hier«, er zeigte zwischen sich und mir hin und her, »das hier wär was Besonderes.«

Ich schüttelte den Kopf und versuchte, mich zu sortieren. Meine Zunge war ganz träge, und auch mein Gehirn arbeitete langsamer als sonst.

»Spinnst du? Ich hab nix mit dem. Das ist ein Kollege. Keine Ahnung, wieso der mich nachts anruft.«

Ich suchte nach Argumenten.

»Er hat doch gesagt, es geht um einen Artikel.«

Florian stemmte die Hände in die Hüften, zog eine höhnische Grimasse und nickte übertrieben.

»Alles klar. Welcher Artikel soll das denn bitte sein, für den man um – Moment!«, er sah übertrieben genau auf die Uhr an der Wand, »um dreiundzwanzig nach zwei konferieren müsste.«

Das »konferieren« sagte er so deutlich, als wäre ich eine Idiotin, die das Wort wahrscheinlich eh nicht kennen würde.

In meinem Kopf drehten sich der Anruf, die Hängematte und einige White Russians. Mir wurde ein bisschen übel. Mit Vernunft kam ich offenbar nicht weiter. Also Angriff.

»Jetzt mal halblang, Florian! Ich hab nichts Schlimmes gemacht. Ein Kollege ruft mich an, und wenn du jetzt nicht so einen Aufstand veranstalten würdest, wäre ich einfach stinkig, dass er mich mitten in der Nacht stört. Und gut ist. Morgen frag ich ihn, was für eine Superidee er hat, und stoß ihm Bescheid, dass er mich so spät nicht mehr anrufen soll. Ist doch alles kein Problem.«

»Kein Problem, kein Problem, ja stoß ihn mal schön«, äffte er mich nach, und jetzt reichte es mir wirklich.

Ich zog mir ein T-Shirt an, das auf der grünen Teppichwiese lag, und stapfte wutentbrannt an ihm vorbei in die Diele zum winzigen Kabuff.

Mit einem Ruck öffnete ich die quietschenden Holztüren.

Florian kam mir nach und wollte gerade wieder zu einer Tirade ansetzen, als ich ihn mit einem Handzeichen zum Schweigen brachte. Ich redete jetzt leise und zischend, beherrschte mich mühsam, das Ganze durfte nicht völlig aus dem Ruder laufen.

»Ich habe nicht die geringste Lust, mich um diese Uhrzeit weiter mit dir zu streiten wegen so einem Scheiß. Es ist nichts, und über nichts streite ich mich nicht.«

Ich zerrte das Klappbett aus dem Kabuff.

»Wir sind beide betrunken und können uns nicht konzentrieren. Der Abend war sehr schön, ich werde nicht zulassen, dass wir das kaputt machen, nur weil ein Kollege, der vielleicht auch hackedicht ist, sich für den Telefonjoker hält.«

Das Klappbett stand auf dem Flur, es fehlte noch die Isomatte, die sich hinter dem Campingzeug verkeilt hatte. Ich kniete im Kabuff und grub mich unter dem Regal durch Schlafsäcke und Regenfolien, während ich weiterschimpfte.

»Du pennst jedenfalls jetzt nicht in meiner Hängematte und auch nicht in meinem Bett. Roll dir das Klappbett hin, wo immer du willst, und dann ist für heute mal Schicht im Schacht.«

Da fiel hinter mir die Tür zu. Und es wurde stockduster. Ich sah irritiert zur Decke, tastete wild herum, fand die Tür und rappelte daran. Nichts rührte sich. Von innen hatte sie keine Klinke.

»Sehr erwachsen, du Arsch!«, schrie ich. Das durfte doch nicht wahr sein. Ich konnte es nicht fassen. Florian würde mich nicht in einen Wandschrank sperren, nur weil wir uns stritten. Das war doch einer, der eher zu viel diskutierte und analysierte, das passte gar nicht zu ihm. Ich hämmerte gegen das Holz. Es ächzte, gab aber nicht nach.

»Lass mich raus, verdammte Scheiße!«

Meine eigene Stimme erschreckte mich. Sie war überraschend schrill und panisch. Mir kam das Kabuff viel enger vor als noch vor ein paar Minuten. Ich tastete wieder zu allen Seiten, fand den Staubsauger und setzte mich darauf. Dabei stieß mein Kopf gegen das Regal mit meinem gesammelten Sportzeug. Na super, jetzt würde ich morgen auf der Arbeit aber hundertprozentig einen dicken Schädel haben. Vom Alkohol, vom Herumschreien und von der Beule. Ich lehnte mich gegen die Wand, atmete tief durch und klopfte gegen die Tür. Mit aller Gewalt versuchte ich so ruhig und vernünftig wie möglich zu klingen.

»Florian, mach auf. Du hast deinen Spaß gehabt. Ich hab mir den Kopf gestoßen und krieg hier Platzangst. Wir reden drüber. Ich stell dir den Bayern vor. Morgen kommst du mit in die Redaktion, guckst ihn dir an, und dann ist dir klar, dass er aussieht wie grobe Wurst. Nicht mein Beuteschema.«

Jetzt versuchte ich es strategisch.

»Ich steh doch auf die Sensiblen und Schlauen.«

Mühsam hielt ich den Atem an und wartete. Kein Mucks von draußen. War der etwa gar nicht mehr da? Es drehte sich alles in mir, und ich fühlte, dass ich bald anfangen würde zu weinen. Bloß nicht heulen, sagte ich mir immer wieder. Du bist keine fünf, du bist eine erwachsene Frau, du wirst nicht heulen!

Es half nichts. Ich weinte eine Weile aus Stress und Ärger, und obwohl ich es selbst unfassbar fand, merkte ich, wie ich wieder schläfrig wurde. Irgendwann würde er mich rauslassen müssen. Also konnte ich bis dahin genauso gut schlafen. Ich versuchte mich etwas bequemer hinzusetzen, aber es war einfach zu eng. Dauernd stieß ich mich an etwas, morgen würde ich so viele blaue Flecken haben, dass ich aussah wie die Beulenpest. Ich rappelte mich widerwillig auf und suchte im Dunkeln. Die Putzmittel. Die Skier. Der Werkzeugkasten. Der Werkzeugkasten! Hektisch begann ich darin herumzukramen. Ich war noch nie eine Heimwerkerqueen gewesen, aber irgendwo hatte ich eine Art Brechstange. Ich fand sie, schob sie in den Spalt zwischen Tür und Rahmen, und nach einigen Versuchen und viel Heulen und »Scheiße«-Rufen brach endlich die alte Holztür auf, und ich fiel in den Flur. Auch der war stockdunkel. Von Florian nichts zu sehen. Keine Ahnung, wieso ich nicht meine Wohnung verrammelte, er hatte zwar einen Schlüssel, aber wenn ich von innen das Sicherheitsschloss verriegelte, kam niemand rein. Leider dachte ich daran nicht.

Ich schnappte mir meine Handtasche, zog mir irgendwas an und rannte auf die Straße. Ich wollte einfach nur weg. Die Enge in dem Wandschrank war so erdrückend gewesen, dass mir selbst meine Wohnung plötzlich wie ein Kerker vorkam. Ich musste raus, weg, frei atmen. An einem Imbiss kaufte ich einen großen Becher schwarzen Kaffee, der bitter wie Möbelpolitur schmeckte, und sah zum ersten Mal auf mein Handy. Dreizehn Anrufe in Abwesenheit. Florian.

Ich musste mich fast erbrechen, als ich mir die erste Voicemail anhörte.

»Hier ist der Flori«, stammelte er, seine Stimme klang zerknirscht und gar nicht mehr wütend. »Sorry, dass ich einfach gegangen bin, aber das wurde mir alles zu viel. Ich liebe dich, und ich vertraue dir. Lass uns morgen reden, ja?«

Was sollte ich denn damit anfangen? Hatte er mich vielleicht gar nicht eingesperrt? Konnte die Tür von selbst zugefallen sein? Durchzug? Und hatte er das Licht gar nicht ausgeknipst, sondern war die Sicherung durchgebrannt? Ich hatte die Birne im Kabuff, seit ich in dieser Wohnung wohnte, noch nie erneuert, sie musste irgendwann den Geist aufgeben. Und Elektroleitungen in einem Altbau sind ja immer so eine Sache. Aber war es nicht sehr unwahrscheinlich, dass das ausgerechnet gleichzeitig passierte, eine zugewehte Tür und eine rausgesprungene Sicherung?

Ich irrte ziellos durch die Stadt. Auch die zweite Nachricht hörte ich noch ab.

»Billysüße? Wenn du nicht mit mir sprechen willst, kannst du mir bitte kurz simsen, dass es dir gut geht und dass wir das morgen klären, ich finde es furchtbar, wir haben uns noch nie gestritten.«

Würde er mich anrufen, wenn er genau wüsste, dass ich im Schrank saß und nicht an mein Handy kam? Ich verstand das alles nicht und beschloss, erst wieder mit klarem Kopf zu versuchen, die Puzzleteilchen zusammenzusetzen.

Die Sonne ging langsam auf. Dass ich vor dem Verlagsgebäude stand, merkte ich daran, dass der Pförtner mir ein schlecht gelauntes »Morgen« zurief. Jetzt war es auch schon egal. Würde ich mich eben noch eine Weile oben in der Redaktion hinlegen.

Aber kaum saß ich auf dem durchgeleierten Sofa im Aufenthaltsraum, als ich wieder zu heulen anfing. Überforderungs-Flutung. Augen oder Möse, irgendwas tropft bei mir immer, wenn der Druck überhandnimmt.

So fand mich der Hausmeister, ein junger, muskulöser Typ, der wahrscheinlich von einem eigenen Fitnessstudio träumte. Er moppte durch den Flur in den Aufenthaltsraum, sah mich da sitzen, hockte sich neben mich und nahm mich in den Arm. Endlich jemand, der nett zu mir war. Er sagte Dinge wie »Na na na« oder »Das wird schon wieder«. Irgendwann verschwand er kurz, und ich checkte noch mal mein Handy. Einunddreißig Anrufe in Abwesenheit. Plus die zwei, die ich abgehört hatte. Das sprach ja doch dafür, dass Florian mich nicht eingesperrt hatte. Oder für ein sehr schlechtes Gewissen. Aber selbst wenn er einfach nur gegangen war und mit meiner Misere gar nichts zu tun hatte: Welcher Irre ruft denn bitte dreiunddreißig Mal in einer Nacht an?

Der Hausmeister kehrte mit einer Flasche Champagner zurück. »In der Buchhaltung hat heute 'ne Sekretöse ihr dreißigstes Jubiläum«, sagte er und ließ den Korken laut ploppen. Jetzt war es auch schon egal, also trank ich einen großen Schluck. Als er mich an sich zog und küsste, fand ich es erst tröstlich, und dann kam der Trotz in mir hoch. Wenn Florian glaubte, ich würde fremdgehen, dann würde ich eben fremdgehen. Ich ließ mich doch nicht einsperren von so einem Psychopathen.

»Ich kann machen, was ich will«, nuschelte ich in das Ohr des Moppmanns, und der nickte.

»Klar, Schnucki, du kannst alles tun, was dir Spaß macht. Du bist 'ne freie Frau in 'nem freien Land.«

»Freiheit für Titties«, kicherte ich und zog mir das T-Shirt aus.

»Freiheit für den kleinen Mopp«, kicherte ich weiter und schob seine Hose herunter. Er griff mir unter die Achseln und setzte mich mit einem Schwung auf den Kopierer. Ich öffnete die Beine, zeigte auf meine Möse.

»Wünsche, geleckt zu werden!«, befahl ich.

Er salutierte.

»Wie Gnädigste befehlen!«

Und so ließ ich mir vom Hausmeister die Klit verwöhnen, während sich in meinem Kopf alles drehte und eine Endlosschleife spielte: »Ich darf alles tun, was ich will, ich bin eine freie Frau in einem freien Land.«

Genau das sagte ich dann auch, als mein Chef reinkam und den wild wichsenden Moppmann mit dem Gesicht zwischen meinen Beinen vorfand.

»Ich darf alles ...«, fing ich an, als würde ich eine Wahlrede halten. Dann erbrach ich mich in den Topf der Kunstpalme neben dem Kopierer.

So kam es zu meiner Abmahnung, und ich kam zu INFERNO.

Auf dem Platz:
Wahrsagerei und Liebeszauber

Eine Schlange fasst sich warm und trocken an, nicht kalt und schleimig. Ich bin überrascht, als Wumme mir den riesigen gelben Tigerpython um die Schultern legt und das Tier neben meinem Ohr zischelt und züngelt und ich gar keine Angst habe. Danach nimmt Wumme einen Leguan auf den Arm.

»Und dieser schlecht gelaunte Geselle ist Rolf der Dritte.«

Ich muss lachen, als ich das grüne faltige Gesicht der Echse sehe.

»Erinnert mich an Rolf Eden, den mumifizierten Discoprinzen aus West-Berlin.«

»Jetzt weißt du, warum er so heißt.«

Wir stehen im Terrarium-Zelt, und Wumme hat sie mir alle vorgestellt.

»Das ist quasi meine Familie«, sagt er mit einem Blick über die Glaskästen. »Und nun: Schnapf.«

»Schnapf ist hoffentlich nicht deine monströse Tarantel, die hier irgendwo rumsitzt«, sage ich und weiche unwillkürlich zum Ausgang zurück.

»Nein, Schnapf ist ein Grundnahrungsmittel«, erklärt Wumme und führt mich zu seinem Wohnwagen.

Wir setzen uns vor der Treppe auf Klappstühle, er reicht mir eine Dose Bier, nimmt selbst auch eine und schaltet einen Campingkocher an.

»Früher hab ich gern gekocht, das war eine echte Leidenschaft. Bei Damenbesuch hab ich manchmal fünf Gänge gebrutzelt. Consommé vom Heilbutt, selbst gemachte Ravioli mit Hummerschäumchen und Garnelen, Kalbsbraten in Blätterteig, Baileysmousse mit Krokant und Pralinen hinterher. Ach, und vor dem Kalbsbraten …«

»… das Sorbet, das Fisch- und Fleischgang trennt«, ergänze ich. Oh Mara, meine Knigge-Königin, ich habe lange nicht an dich gedacht. Was würdest du wohl von alldem hier halten? Ich vermisse sie plötzlich so stark, dass ich fast aufgestanden und zur Telefonzelle auf dem Parkplatz gegangen wäre, um sie anzurufen. Aber Wumme hält mir eine geöffnete Dose Ravioli Diavoli hin und grinst.

»Und das wäre der Schnapf, weil …«, er lässt den Inhalt mit einem satten Schmatzen in den Topf gleiten, »Dosenmampf eben diesen Laut macht, wenn man ihn rauskippt: schnnnn-apff …«

Ich esse gern Dosenravioli und sage ihm das auch. Was ich ihm nicht sage: Die habe ich noch vor wenigen Wochen manchmal kalt aus der Dose gelöffelt, wenn ich kein Licht in der Küche machen wollte, um Florian, der garantiert unten im Hof hinter den Garagen auf der Lauer lag, nicht zu zeigen, dass ich zu Hause war.

»Obwohl es dich glücklich macht, kochst du nicht richtig? Die Patronessa hat in ihrem Camper ein halbes Maggi-Kochstudio.«

Wumme zuckt mit den Schultern.

»Ich bin nicht hier, um mich häuslich einzurichten. Man weiß nie genau, wie lange so eine Show tourt.«

Er nimmt einen großen Schluck von seinem Bier und rührt in den Ravioli: »Geriebener Parmesan wär jetzt toll.«

Ich springe auf. Erstens liebe ich es, mein Essen, und zwar nicht nur Dosenravioli, in salzigen Parmesanbergen zu ersticken, bis das ganze Essen knirscht, und zweitens möchte ich Wumme wenigstens diesen bescheidenen Wunsch erfüllen, wenn er schon nicht mehr hochklassig kochen kann.

Drüben im dritten Ring wohnt eine italienische Familie, zwei Schwestern, drei Brüder, die sich in der Manege mit Motocrossmaschinen überfahren, und damit meine ich nicht überfliegen, sondern die walzen mit einem Affenzahn ihre jeweiligen Partner platt. Sie tragen zwar alle Helme und hautenge Lederanzüge, und die Maschinen sind wahrscheinlich so abgespeckt, wie es nur geht, um möglichst leicht zu sein, aber trotzdem stelle ich mir das nicht gerade gesund vor, wenn zweimal täglich ein Motorrad über einen drüberheizt. Egal, Italiener haben doch bestimmt Parmesan, es lebe das Klischee.

Ich spurte also los, verlasse den zweiten Ring und versuche mich zu erinnern, auf welcher Parzelle die Motocrosstruppe wohnt. Ein- oder zweimal biege ich wohl falsch ab, denn jetzt bin ich bei einem grünen alten Holzwagen angelangt, den ich noch nie gesehen habe. Dahinter höre ich Gemurmel. Ich gehe um den Wagen herum, vielleicht kann mir dort jemand sagen, wo ich hinmuss. Aber dann traue ich mich nicht zu stören.

Hinter dem grünen Wagen sitzen einige Artisten und Zeltarbeiter im Kreis. Erst glaube ich, dass sie beten, aber dann höre ich genauer hin und verstehe, dass sie nur einen einzigen Satz zusammen brummen: »Einer von uns, einer von uns.«

Ein Beleuchter spricht, er ist mir schon mal aufgefallen, weil sich eine große rote Narbe über seine Stirn zieht. Deshalb habe ich mir seinen Namen gemerkt: Raffa. Die anderen im Kreis hören zu, dann schlagen sie sich unter Gemurmel an die Brust, und Raffa wirft einen Pergamentbogen in eine Feuerschale in der Mitte. Ich schleiche mich heran. Ich kenne diese alten Schriftstücke. Bei der Patronessa im Wagen lag ein ganzer Stapel hinter ihr auf der Küchenanrichte. Jetzt kann ich hören, was der Nächste sagt. Er erzählt von einem Abend mit Freunden, sie zogen um die Häuser, und alle waren ziemlich high, hatten irgendwelche Pillen eingeworfen. An einer Bushaltestelle wurde sein Kumpel ohnmächtig. Der Erzähler fand es lustig, ihm eine Literflasche Wodka einzuflößen. Irgendwann stiegen sie in den Bus, der Kumpel blieb zurück, und erst am übernächsten Tag, als der Erzähler wieder nüchtern war, der Kater sich langsam verzog und die Polizei vor der Haustür stand, erfuhr er, dass sein Freund in dieser Nacht gestorben war.

Das tue ihm heute wahnsinnig leid, aber es sei doch ein Partyspaß gewesen, sie waren jung, und niemand habe wissen können, dass das so ausgehen würde. Normalerweise steckte der Kumpel eine Flasche Wodka weg. Die anderen murmeln zustimmend. Der Beleuchter hat die Runde verlassen, ohne dass ich es bemerkt habe. Er steht plötzlich hinter mir und tippt mir auf die Schulter.

»Du solltest besser verschwinden«, sagt er, »das hier ist privat.«

Ich fühle, wie ich flammend rot werde, so peinlich ist es mir, erwischt zu werden. Also mache ich auf dem Absatz kehrt und renne zurück zu Wumme.

Der rührt immer noch im Topf.

»Na, rollen doch nicht alle Italiener Parmesanräder vor sich her?«

Ich berichte ihm von dem Treffen.

»Wie ein Geheimbund, gruselig. Sind die alle auf der Flucht?«

Wumme schöpft die Ravioli in zwei tiefe Teller und gibt mir einen.

»Bei jeder großen Show gibt es AA-Treffen«, erklärt er mir. »Das ist auch gut so, denn man weiß nicht immer, wo in der Stadt eines stattfindet. Sucht hört nie auf, weißt du, man hört nicht auf zu koksen oder zu saufen, nur weil man in eine andere Stadt zieht. Sein Gepäck nimmt man mit. Für mich wär das nichts, dieses Im-Kreis-Sitzen und Sich-nach-außen-Krempeln, aber die AA funktionieren, die haben ein gutes System.«

Ich nicke und esse. Die AA leisten tolle Arbeit, gar keine Frage. Die Sache ist nur die: Ich glaube Wumme nicht. Das hinter dem grünen Wagen war sicher kein AA-Meeting. Seit wann schlagen die sich gegen die Brust und verbrennen Pergamentbögen?

Und, noch viel wichtiger: Ich weiß, woher sie diese Bögen haben. Ich habe einen ganzen Stapel davon gesehen, am ersten Abend, als ich mit feuchtem Schlüpfer in der Hand vor der Patronessa stand. In dem Chaos um sie herum sind sie mir aufgefallen, weil sie so altertümlich aussahen, ich habe direkt gedacht, es seien Requisiten für Wahrsagerei und Liebeszauber. Es kommen immer mal wieder junge Männer, und es sind immer junge Männer, nach der offiziellen Show zu ihrem Wagen. Manche rennen anschließend zum Parkplatz, als wäre der Teufel hinter ihnen her. Einen habe ich bei der privaten VIP-Vorstellung wiedergesehen, der hatte so einen Bogen in seiner Jackentasche. Und offenbar gibt es auch Artisten und Zeltarbeiter, die so einen Schrieb der Patronessa bekommen haben.

Ich fühle, dass ich neu ansetzen muss. Irgendwas geht hier vor, und es hat mit der Patronessa und ihren Séancen zu tun, also werde ich da weiterschnüffeln. Trüffelschwein Billy hat die Fährte aufgenommen.

Wumme sage ich von meinen Plänen nichts. Ich bin froh, dass ich einen Verbündeten habe, jemanden, der mit mir Dosenschnapf isst und mir etwas über Echsen erzählt, bis ich einschlafe. Er würde es missbilligen, wenn ich die Patronessa nerve, also werde ich ganz vorsichtig sein, investigativ geradezu, und niemand wird bemerken, dass ich da bin.

Ich warte ab, bis alle bei der Vorstellung sind. Die Patronessa steht oft im Zuschauergang, um sich die Show anzusehen, und bei der Requisite wird es nicht auffallen, wenn ich mich kurz entferne. Ich schleiche mich zum Wagen der Patronessa.

Eigentlich habe ich damit gerechnet, dass er abgeschlossen ist, aber die Tür steht sogar einen Spalt offen. Das bedeutet doch quasi eine Einladung. Sollte sie jetzt kommen, werde ich ihr sagen, dass ich Zahnschmerzen habe und jemanden brauche, der mich zu einem Arzt fährt.

Das Wohnmobil sieht genauso aus, wie ich es in Erinnerung hatte. Ein Chaos aus Zeitschriften, Elektrogeräten und Kuchenresten. Hinter einem halben Gugelhupf entdecke ich tatsächlich eine Packung Jaffakekse. Oh Mara, was würde ich darum geben, die jetzt mit dir wegzufuttern. Das gruselige Ölgemälde sieht mich streng an, aber ich würde auch sonst nicht wagen, die Schachtel zu öffnen. Konzentrieren, Billy! Die Glaskugel liegt auf dem Tisch, vielleicht kriege ich jetzt raus, wie der Mechanismus funktioniert. Ich hebe sie hoch – und da ist nichts. Sie besteht einfach nur aus dickem, schwerem Glas. Ich bücke mich, aber auch unter dem Tisch finde ich nichts. Kein Pedal, keinen Knopf, keine magnetische Vorrichtung.

Vorsichtig öffne ich die Schränke. Ein Glücksgriff! Unter einem Stapel Fernsehzeitschriften fallen mir die alten, vergilbten Pergamentbögen in die Hände. Endlich werde ich verstehen, was es damit auf sich hat. Die Enttäuschung ist so groß, dass sie sich wie Magenschmerzen anfühlt, denn die Blätter sind völlig leer. Kein vorgedrucktes Formular, keine Einträge, gar nichts. Billy 007 in verkorkster Mission. Ich öffne noch einige Schubladen und stelle mich sogar auf einen Stuhl, um auf die Küchenschränke zu sehen, aber außer dem Zeug, das man als Circuschefin, alte Dame, Hexe offenbar so hat, fällt mir kein Material in die Hände. Nicht mal Sex-Ratgeber oder Pornos. Als Fundus für eine Folge meiner »Eros to go«-Kolumne kann ich den Wagen der Patronessa vergessen. Vielleicht gibt sie mir mal ein Interview oder lässt mich dabei sein, wenn sie einen jungen Mann aus der Vorstellung mit in ihr Wohnmobil nimmt, um ihren Liebeszauber an ihm durchzuführen.

Ich bin die mieseste Rechercheurin ever, seufze und gehe zurück zum Chapiteau.

Nachts, als ich mit Wumme in seinem Wohnwagen Löffelchen liege, bin ich immer noch enttäuscht. Ich komme nicht vom Fleck. Wumme spürt, dass ich abgelenkt bin, und fragt, woran ich denke.

»An den Liebeszauber der Patronessa. Was macht sie da mit den Besuchern, die sie aus der Show zu sich nimmt, weißt du das?«

Er schüttelt den Kopf.

»Zauber sind doch immer geheim, oder? Die wirken nicht, wenn alle wissen, wie's geht.«

Er dreht mich um und stützt sich über mich.

»Ich hätte da aber eine Art von Magie, die könnte ich gleich hier anwenden.«

Ich lache. »Und hat das etwas mit einem Zauberstab zu tun?« Ich fasse an seine Boxershorts. Er wiegt den Kopf hin und her, als müsse er nachdenken. »Kann schon sein. Erst mal beginnt es mit Handauflegen.«

Ich ruckele mich auf der Matratze zurecht.

»Bin bereit. Fang an zu hexen.«

Und das tut er. Er legt mir die Hand auf den Scheitel und streicht mir über die Haare. Bei wem habe ich das letzte Mal eine so fürsorgliche Geste erlebt? Es fällt mir niemand ein. Dann streichelt er meine Wangen, meine geschlossenen Augenlider, meine Lippen, meinen Hals. Und ich weiß nicht, wie es kommt, aber überall, wo er mich berührt hat, fühle ich mich leichter, und die brennende Hitze auf meiner Haut lässt nach. Es ist nichts wichtiger als seine Hände auf meinem Körper. Er streicht über meine Brüste, meine Arme, hebt sie sogar an, um die Achselhöhlen zu berühren, dann tastet er sich über meinen Bauch, legt seine Hand wie einen Schutz auf meinen Venushügel und widmet sich danach den Oberschenkeln und Knien. Als er die Kniekehlen streichelt, seufze ich wohlig. Ich wusste nicht, wie gern ich das mag. Selbst meine Schienbeine, die noch keinen Liebhaber vor ihm interessiert haben, sind plötzlich erogene Zonen. Zuletzt streichelt er meine Fußsohlen, und als er sich neben mich legt, fühle ich mich nicht mehr so zerrissen und getrieben, sondern leicht und – das Wort kommt mir in den Sinn, ohne dass ich erklären könnte, warum – geheilt. Als wäre ich vorher wund gewesen, und er hätte die offenen Stellen geschlossen. In diesem Moment will ich nirgendwo lieber und niemand anders sein. Das ist neu für mich. Ich rolle mich über Wumme, küsse ihn, lecke seine Brustwarzen, nehme seinen Schwanz in den Mund, der leicht salzig schmeckt und nach Seife riecht, lutsche ihn, bis er stöhnt, ziehe ihm ein Kondom über und senke meinen Unterleib auf seinen. Langsam führe ich mir seinen Schwanz ein, bis er mich ganz ausfüllt. Bedächtig und eher schlingernd als stoßend bewege ich mich auf ihm, während er seine Hände um meine Brüste legt und sie vorsichtig drückt. Wir haben es nicht eilig. Ich warte, fühle ihn in mir, fühle, wo sich unsere Haut berührt und wie seine Hände über meinen Körper wandern, und dann hebe ich das Becken wieder, gemächlich, senke es, wir haben Schneckensex, als würden wir dabei immer wieder einschlafen, aber es ist so intensiv, dass ich ihn überall in mir fühlen kann, tief in meiner Brust und hinter den Ohren. Sogar wenn unsere Füße sich berühren, spüre ich es im ganzen Körper. Meine Sinne sind so geschärft, dass es mir wirklich magisch erscheint. Irgendwann haben meine Finger von selbst den Weg zu meiner Klit gefunden. Ich lege sie nur locker auf, denke nicht mehr nach und überlasse unseren Körpern alles Weitere. Der Höhepunkt kommt nicht wie eine Brandung, sondern wie Flut, die Erregung steigt stetig an und überspült mich, trägt mich weit weg, kehrt in einer zweiten Welle zurück und in einer dritten. Längst bewege ich mich nicht mehr, sondern liege auf Wumme, der schwer unter mir atmet und mich fest umschlungen hält.

Irgendwann tauchen wir auf und sehen uns in die Augen.

Meine sind feucht vor Tränen.

»Wow.«

Als wir uns endlich voneinander lösen, liegen wir noch lange eng zusammen, mein Bein um seines geschlungen wie der große Tigerpython. Die Chapiteau-Beleuchtung draußen ist noch an, die VIP-Vorstellung müsste bald zu Ende sein. Auf Wummes Brust ist links ein wulstiger Fleck, dunkelrot und etwa so groß wie ein Daumenabdruck.

Ich streiche mit den Fingerkuppen darüber.

»Arbeitsunfall?«

Er räuspert sich.

»Ist lang her.«

Seine Stimme klingt rau. Ich schmiege mich noch enger an ihn.

»Erzähl's mir.«

Es dauert eine Weile, und ich überlege, ob wir uns den Rest der Nacht wohl anschweigen werden, aber dann sagt er doch etwas.

»Ich hatte immer schon Schlangen. Da war eine, die ich nicht hätte halten dürfen, aber ich fand sie unglaublich schön, also hab ich sie gekauft. Ich bin sicher, dass ich die Terrarien alle verschlossen hatte, aber vielleicht war ich abgelenkt, jedenfalls hat sie das Kind meiner Nachbarin gebissen. Sie war oft bei mir, wir hatten was laufen. Es ist nicht gestorben, aber durch den Biss wurde Myoglobin freigesetzt, das ist ein Muskeleiweiß. Das hat die Nieren geschädigt, sodass das Kind eine Transplantation brauchte. Die Schädigung der quergestreiften Muskeln blieb. Und als es ganz kritisch stand und es so aussah, als gäbe es keinen geeigneten Spender, ist die Mutter nachts in meine Wohnung gekommen und hat mir ein Messer in die Brust gerammt.«

Ich fühle die Narbe, die mir heißer vorkommt als die umliegende Haut.

»So nah am Herzen, da hast du Glück gehabt.«

Wumme dreht den Kopf zu mir, draußen ist die Beleuchtung abgeschaltet worden, ich kann sein Gesicht nicht sehen, aber ich fühle seinen Atem.

»Glück, na ja. Wie man's nimmt.«

In der Stadt: sieben Wochen vorher

War ich paranoid? Lief in meinem Kopf etwas ganz gewaltig schief? Die Lampe im Dielenkabuff war wirklich durchgebrannt, das hatte ich festgestellt, als ich nach Hause schwankte. Der Chef hatte mich heimgeschickt, mit einem so grünen Gesicht hatte ich in der Redaktion ja tatsächlich nichts verloren. Ich hörte den Glühfaden rieseln, wenn ich das Glas ans Ohr hielt und schüttelte. Die Elektrik in meiner Wohnung war alt und marode, das stimmte, und der FI-Schalter im Stromkasten war ausgelöst worden, auch das stimmte, aber gab es nicht immer einen Knall, wenn eine von diesen antiquierten Birnen den Geist aufgab? Florian hätte, während ich auf der Arbeit war, mit seinem Schlüssel reinkommen und die Lampe gegen eine kaputte austauschen können. War er so krank im Hirn, dass er mich nicht nur einsperrte, sondern mir auch noch vermittelte, ich sei irre? Waren wir ein Gaslighting-Paar? Letztes Jahr hatte ein Artikel darüber in der Zeitung gestanden. Gaslighting ist ein Psychophänomen, benannt nach einem alten Film, und meint, dass ein Partner den anderen dazu bringt, an seinem Verstand zu zweifeln und seinem eigenen Urteil nicht mehr zu trauen. Würde Florian so etwas tun? Nur weil mich ein Kollege zu einer unpassenden Zeit angerufen hatte? Unwahrscheinlich. Während wir zusammen waren, hatte sich Florian nie rücksichtslos oder unberechenbar verhalten. Beim Vögeln war er ganz der Gentleman, er achtete immer darauf, dass es mir gut ging. Was war mit der Tür? Ich öffnete die Balkontür, das Kabuff und das Küchenfenster, um zu prüfen, ob der Luftzug so stark sein konnte, dass die Tür in der Diele zufiel. Da bewegte sich nichts. Aber hatte ich plötzlich ein Wetterdiplom? Wusste ich, wie der Wind in dieser Nacht geweht hatte? Ich zermarterte mir das Hirn, das ohnehin angeschlagen war, weil es mit vielen White Russians, Kopfstößen, einem Hausmeisterfick und der Abmahnung klarkommen musste. Der Hausmeister gab den Ausschlag. Ich schämte mich nämlich und hatte ein schlechtes Gewissen. Obwohl Florian ja nichts davon wusste und auch nichts erfahren würde, rechnete ich auf: Selbst wenn ich nicht abschließend klären konnte, was in dieser Nacht passiert war, das Gelecke auf dem Kopierer hatte allemal stattgefunden, also waren wir mindestens quitt. Wahrscheinlich war ich sogar im Unrecht. Deshalb freute ich mich, als Florian einige Tage später vor der Tür stand und einen weißen Blumenstrauß schwenkte.

»Frieden, du schöne Ilsebill?«

Ich umarmte ihn zögerlich. Über meinen Kopf hinweg bemerkte er die aufgebrochene Kabufftür und sah mich erschrocken an.

»Warst du so sauer, dass du die zertrümmert hast?«

Ich beschloss, das nicht zu vertiefen, und murmelte irgendetwas, ich könne mich gar nicht genau erinnern.

Er grinste.

»Wir waren beide ziemlich dicht. Lass uns abmachen, dass wir uns nur noch streiten, wenn wir beide klar im Kopf sind. Andernfalls geht einer von uns beiden direkt, und wir sprechen am nächsten Tag. Ist das ein Deal?«

Ich nickte. Er war so vernünftig. Und ich wahrscheinlich völlig gaga. Durchgeknallt wie eine Sicherung.

Ich trällerte vor mich hin, als ich am nächsten Morgen wieder sehr früh in die Redaktion kam. Mit Florian lief alles rund, endlich flutschte es. Ich war froh, dass ich den Hausmeister bisher nicht mehr gesehen hatte. Am liebsten hätte ich die Episode komplett vergessen, aber die Kollegen sorgten mit ihren schiefen Blicken dafür, dass das nicht passierte.

Ich träumte vom ersten Kaffee, den ich mir vom Automaten holen würde, als die Tür zum Putzmittelraum aufging und der Hausmeister mich in das kleine, streng riechende Zimmer zog und angrinste.

»Lust auf eine Fortsetzung?«

Ich lachte nervös, entschuldigte mich bei ihm für den unrühmlichen Auftritt und versprach, dass das nie mehr vorkommen würde.

»Da bin ich nicht so sicher«, sagte er und versperrte mir die Tür.

Déjà-vu, na prima, wieder mal ich in einem engen Raum. Keine artgerechte Billy-Haltung. Mühsam riss ich mich zusammen.

»Was soll das ... Richard?«

Den Namen hatte ich gerade erst auf seinem Overall entdeckt.

Er hielt mir ein Handy entgegen.

»Unser schönes Date verdient doch eine Erinnerung.«

Er drückte viermal die Null, um es zu entsperren, und dann sah ich einen wackligen Film, auf dem ich leider unzweifelhaft zu erkennen war, mit weit gespreizten Beinen auf dem Kopierer. Er selbst stand mit dem Rücken zur Kamera, nur sein Hinterkopf kam ins Bild, er war also aus dem Schneider.

»Die Welt hat doch ein Recht darauf, das zu sehen, findest du nicht? Die YouTube-Gemeinde wartet schon. Ich denke, ich nenne es ›Horny Sybille auf Kopierer gefickt‹. Die Kollegen wird das auch sehr interessieren. Ich bin zwar nur ein Hausmeister, aber das Intranet dieses Magazins kenn selbst ich.«

Mir wurde übel. Wie kam es eigentlich, dass ich von einem Albtraum in den nächsten schlitterte? Vorhölle, ready for boarding, Sybille bitte zum Gate.

»Was willst du?«

Er drängte mich an die Wand und legte meine Hand auf seinen Hosenlatz.

»Ich bin nicht fertig geworden neulich.«

Mit Wucht stieß ich ihn von mir.

»Keinesfalls. Und das, was du hier machst, ist sexuelle Nötigung. Dafür kannst du gefeuert werden.«

Er zog die Schultern zu den Ohren und gab sich Mühe, ganz besonders dumm auszusehen.

»Ich? Du bist quasi meine Vorgesetzte. Ich bin hier nur Moppmann. So nennt ihr mich doch, den Moppmann. Wenn, dann hast du deine Position ausgenutzt und mir befohlen, es dir zu besorgen. Soll ich mal die Stelle suchen, an der du ›Leck mich‹ sagst?«

Ich schlängelte mich an ihm vorbei und öffnete endlich die Tür. Mein Nacken war schweißnass.

»Übermorgen gegen sechs«, rief er mir nach, »da hab ich Frühschicht, und morgens bin ich besonders geil.«

Stundenlang saß ich in Schockstarre am Rechner und versuchte, beschäftigt auszusehen, damit mich keiner der Kollegen ansprach. Aber die redeten ohnehin gerade lieber über mich als mit mir. Ich fragte mich, wie diese Sache sich so schnell rumgesprochen hatte. Und ausgerechnet das war gerade mein kleineres Problem. Ich sagte dem Chef, ich hätte einen Außentermin, und fuhr zu Mara.

Mara war wieder im Stress. Ich kenne die Frau nur im Duracellhaschen-Modus. Jemand muss ihr mal Ritalin unters Müsli mischen, sonst hat sie irgendwann einen Kurzschluss.

»Mara, Schatzi ...«, fing ich an, aber sie drückte mir einen Berg Satinstoffe in den Arm und schleppte selbst einen Wäschekorb mit merkwürdigen Holzteilen und dicken Knäulen aus Netzen und irgendetwas schwarz Glänzendem, das ich nicht erkennen konnte, in ihr Atelier. Also eigentlich in ihr Wohnzimmer, aber seit Mara diese Agentur gegründet hatte, wohnte sie zwischen Requisiten und Papierbergen.

Normalerweise hatte Mara immer ein offenes Ohr für mich und auch immer gute Ideen, aber heute war sie abgelenkt und sah hektisch hin und her.

Ich warf die Stoffe aufs Sofa, nahm ihr den schweren Korb ab und fasste sie an den Schultern, bis sie mich richtig wahrnehmen musste.

»Schatzi! Atmen! Milchkaffee, Jaffakekse, sprechen!«

Mara seufzte tief, nickte und winkte mich in die Küche, die genauso vollgestellt war wie der Rest der Wohnung. Sie schaltete die Espressomaschine an.

»Wieso bin ich nicht Gattin geworden?«

Das ist ein Running Gag zwischen uns. Wenn es stressig wird, träumen wir vom Leben einer Stepford-Hausfrau, die dem gut verdienenden Mann den Rücken freihält, abends charmant seine Geschäftsfreunde im kleinen Schwarzen bewirtet und keine eigenen Ambitionen hat, außer die Kreditkarte ihres Gatten bis zum Anschlag zu schröpfen. Spätestens an der Stelle kreischen wir dann hysterisch, weil es so absurd ist.

Ich goss mir Milchschaum in die große Tasse und nahm mir einen Keks.

»Fünf Sätze Elend?«

Auch das war ein Spiel zwischen uns. Als uns auffiel, dass wir die meiste Zeit jammerten, wenn wir uns trafen, führten wir die Regel ein, dass jede von uns zu Anfang des Gesprächs klagen darf. Und dass dann Schluss mit dem Selbstmitleid ist. Das klappt meistens ganz gut. Sie nickte mir zu.

»Du zuerst.«

Ich holte tief Luft: »Streit mit Florian. Zu viel Alk. Sex mit dem Hausmeister in der Redaktion. YouTube-Film davon, Erpressung, angedrohter Fick übermorgen.«

Sie pfiff.

»Das kann ich nicht toppen.«

»Versuch's.«

Sie biss auch in einen klebrigen Orangenkeks.

»Mitarbeiterin ausgefallen. Japanisches Erotik-Event heute Abend. Wichtigster Kunde der Saison. Kontoauszug zum Fürchten. Panik vor Obdachlosigkeit wegen Firmenpleite.«

Ich nickte anerkennend.

»Ist aber auch nicht schlecht. Existenzangst geht immer.«

Sie kaute einen weiteren Keks und nuschelte: »Nö, Sex-Erpressung gewinnt schon.«

Wir saßen eine Weile schweigend da.

Dann klopfte sie mit den flachen Händen auf den Küchentisch, sagte »So!« und nahm zwei Essstäbchen aus einer leeren Sushi-Verpackung. Sie drehte sich die Haare mitten auf dem Kopf zu einem dicken Knödel zusammen und steckte sie mit den Chopsticks fest. Ihr Denkknödel. Mit Zotteln im

Gesicht kann man nicht denken, sagte sie immer, was dadurch bewiesen sei, dass weder Ponys noch Bobtails jemals einen genialen Einfall gehabt hätten.

»Wir haben also ein Psychoproblem, über das wir nachdenken müssen, und ein Orga-Problem, das wir lösen müssen.«

Sie zeigte mit einem Jaffakeks auf mich. Die Packung war schon leer, früher waren da irgendwie mehr drin – oder wir waren weniger gierig.

»Du löst mein Problem, ich löse dein Problem. Du springst ein und ersetzt die ausgefallene Maiko. Für den Abend brauche ich zwingend zwei Geishas und zwei Maikos, sonst klappt das alles gar nicht. Du machst das. Dann kriege ich keinen Herzinfarkt und keine Panikattacken, weil ich meinen größten Kunden verliere und deswegen pleitegehe. Und weil mein Hirn dadurch wieder Kapazitäten frei hat, denke ich über deine Pornokarriere auf YouTube nach und habe bald eine tolle Idee.«

Florian würde bestimmt ausrasten, wenn er wüsste, dass ich als nackte Hostess auf einem von Maras Events herumhüpfte, was irgendwie scheinheilig war, denn immerhin hatte er mich ja so kennengelernt, und er war auch kein Kunde gewesen, der nur geguckt hatte.

Mara wusste genau, was ich gerade dachte, und schüttelte den Kopf.

»Keine Sorgen wegen deiner Keuschheit. Erstens kriegst du eine 1-a-Maske, wir machen eine Maiko aus dir mit zentimeterdickem Make-up, traditioneller Frisur und buntem Kimono. Den erotischen Part übernehmen die zwei Geisha-Darstellerinnen, du bist quasi eine der beiden Azubinen, siehst sexy aus, schenkst Tee und Sake nach, kicherst mit vorgehaltener Hand und zeigst vielleicht mal deine Handgelenke und den Nacken. Ich habe drei exotische Tänzerinnen, die eine Show aufführen, ein Mädchen, das als Living Sushi auf dem Tisch liegt, und drei Hostessen, die auf eigene Rechnung tun, was sie für richtig halten. Aber es muss sich eben auch jemand um die Getränke kümmern und den Überblick behalten. Die andere Maiko ist eine ganz junge Studentin, die ist süß, aber nicht wirklich ein Orga-Genie. Na ja, und ich kann schlecht mitkommen, meine Mädels passen in keinen Kimono.«

Sie hob ihre wirklich riesigen Brüste an. Ohne sie wäre Mara einfach eine kleine schlanke Frau, eher unauffällig, aber dieser gewaltige Busen ließ sie zu einer beeindruckenden Erscheinung werden. Wenn sie die schwarzen Haare streng zurückband und ich sie mir zwanzig Jahre und tausend Mojitos später vorstellte, erinnerte sie mich ein bisschen an die große Domenica, die Reeperbahn-Hetäre der Siebziger- und Achtzigerjahre.

Mara sah mich immer noch erwartungsvoll an.

»Vielleicht ändert das deine Meinung: Bei dem Event ist ein Herr Bollinger zu Gast, riesiger Kerl, meine Güte, ein Hüne, ich stell mir den immer mit Bärenfell behangen und Hörnerhelm auf dem Kopf vor. Egal. Jedenfalls hat er Connections zu dieser Show, Inferno. Er macht die Stadt-PR, wenn ich das richtig verstanden habe. Du bist doch so begeistert von den beiden Jungs, die sich Kettensägen um die Ohren werfen. Da habt ihr beide gleich ein Gesprächsthema«, grinste sie.

»Elektrogeräte und wie man sie rumschleudert?«

Mara seufzte theatralisch.

»Du kannst doch heute eh nichts mehr unternehmen, also lass uns doch deinen Kimono anpassen und dabei über die Vernichtung des Hausmeisters nachdenken. «

Ich seufzte und erhob mich.

»Nur wenn es bei der Anprobe noch eine Packung Kekse gibt.«

Abends stöckelte ich mit meiner Kollegin zum Veranstaltungsort. Der Kimono saß erstaunlich bequem, obwohl ich von der Brust bis zur Taille in einen breiten Stoffgürtel gewickelt war, der mich so fest wie ein Korsett einschnürte. Endlich war es mal von Vorteil, dass ich wenig Oberweite und auch sonst eher eine Jungenfigur hatte. Die schwarze Perücke kratzte ein bisschen, aber das ließ sich aushalten. Wirkliche Probleme hatte ich mit den Holzschuhen. Meine Füße steckten in weißen Zehensocken und die wiederum in einer Art Plateau-Flip-Flop. Ich war damit satte zwölf Zentimeter größer und fühlte mich wie eine Stelzenläuferin auf dem Jahrmarkt. Meiner Mit-Maiko ging es nicht viel besser.

»Gleich können wir sie ausziehen«, lispelte sie und bemühte sich, halbwegs elegant vom Parkplatz ins Lokal zu schlurfen.

Keine Ahnung, wie Mara diese Location aufgetan hatte. Ich wohne und arbeite seit Jahren in Berlin und wusste gar nicht, dass es hier ein original japanisches Teehaus mit Papierwänden und Tatami-Matten auf den Böden gibt. Die Gäste waren schon da. Eine Gruppe Geschäftsmänner in Anzügen, einer unter ihnen groß und rothaarig mit wildem Bart und buschigen Brauen: der Wikinger.

Die andere Maiko und ich wollten aus den Holzschuhen schlüpfen, aber Bollinger stoppte uns energisch. Er und ein muskulöser Kollege nahmen uns hoch und trugen uns in den angrenzenden Teesaal, wo sie uns auf eine kleine Bühne setzten.

Die anderen Männer kamen hinterher und staunten über das nackte Mädchen mit weiß geschminktem Geishagesicht, das schon auf einem niedrigen Tisch lag, und die drei Frauen in bunten Kimonos, deren Ausschnitte nicht so traditionell hochgeschlossen waren wie bei uns Maikos.

Der Wikinger hob mein Bein und hielt meine Fessel in der Hand. Ich beugte mich zu ihm.

»Herr Bollinger«, flüsterte ich, »ich bin die Assistentin von Mara. Die Maikos sind nicht zur speziellen Unterhaltung hier«, ich nickte zu meiner Kollegin. »Die professionellen Damen sind die drei anderen. Wir kümmern uns nur um den Ablauf und die Getränke.«

Der Wikinger lachte und winkte ab.

»Keine Sorge. Vernascht wird nur, wer will, aber Mara sagte, dass ihr besonders Hübschen zum Angucken da seid, also wollen wir euch angucken. Eure Füße zumindest.« Er strich über meine Fessel, und ich stützte mich mit den Händen auf der Bühne auf. Ein Fußfan, na super. Glücklicherweise war ich diese Woche noch bei der Pediküre gewesen.

Er strich über meinen Spann und zog mir genussvoll langsam den Holzschuh aus, schnupperte daran und roch auch an meiner weißen Socke. Dann öffnete er die drei Knöpfe, mit denen der Strumpf am Knöchel geschlossen wurde, und pellte den Stoff über meine Zehen ab. Er küsste unter dem Gejohle seiner Kollegen meine Fußsohle, wiederholte das Ganze mit dem anderen Fuß und kümmerte sich anschließend um die zweite Maiko. Danach waren wir entlassen und huschten zur Küche, um die Tabletts mit Tee und Sake abzuholen.

In der Küche stand ein alter Japaner am Spülbecken und sah missbilligend auf meine nackten Füße.

»Mit Geishakultur hat das da drinnen aber nichts zu tun«, sagte er, und ich zuckte mit den Schultern.

»Ist eher Karneval. Ich hoffe, Sie haben Humor.«

»Humor ist beim Spülen ungemein hilfreich«, schnarrte er und widmete sich wieder seinen Tellern.

Als die andere Maiko und ich zurück zu den Gästen kamen, war die Party schon in vollem Gange. Bollinger saß auf einem Sofa und hatte eine der Professionellen auf dem Schoß, deren Kimono über den Brüsten offen stand. Er winkte mich zu sich. Ich ging hin, blieb aber eine Armlänge entfernt von ihm stehen.

»Jaja, ich weiß, nur gucken. Aber dann wenigstens das Richtige gucken. Stell deinen Fuß mal hierher. Oder besser alle beide.«

Ich zögerte einen Moment, holte mir einen Stuhl, setzte mich und legte die Füße auf der Sofalehne übereinander. Während er begeistert meine Zehen betrachtete, öffnete er den Kimono der Escort-Geisha weiter, bis die ihn über die Schultern gleiten ließ. Mit Daumen und Zeigefinger spielte er an ihren Nippeln, wandte den Blick aber nicht von mir ab.

»Könntest du vielleicht mal ihre Brüste berühren, mit den Zehen?«

Ich zog eine Augenbraue hoch und sah die Geisha an, die nickte lässig. Sie hatte natürlich schon ganz andere Kundenwünsche gehört. Also hob ich das Bein höher und strich mit dem Spann unter ihren Brüsten entlang. Der Wikinger schnaufte, holte seinen steifen Schwanz aus der Hose und begann zu masturbieren. Er hielt seinen Penis kurz auf mich.

»Du würdest wahrscheinlich nicht mit den Füßen …?«

Ich schüttelte bedauernd den Kopf.

»Fußfick ist nicht nur gucken.«

Das sah Bollinger ein und begnügte sich damit, meinen dicken Zeh zu fixieren, der an die Brustwarze der Geisha tippte, was gar nicht so einfach war. Podophilisch bin ich offenbar eher mittelbegabt. Der Wikinger wichste eine Weile weiter, dann ergriff die Geisha die Initiative.

»Du erlaubst schon?«

Sie zog ihm ein Gummi über, das sie aus einer Tasche in ihrem Kimono gefischt und mit den Zähnen geöffnet hatte. Anschließend schwang sie ein Bein über seinen Schoß, sodass sie nun rittlings über ihm kniete, und führte sich seinen Schwanz ein.

»So ist das doch muckeliger als 'n ipse-Fick.«

Ich freute mich auf den Moment, wenn ich Mara diese Szene erzählen würde. Ich wusste jetzt schon, dass sie daraufhin jeden Jaffa, den sie selbst aus der Packung nahm, mit ipse-Keks bezeichnen würde.

Die Geisha begann ihn zu reiten, und ich bewunderte ihre Körperbeherrschung, denn sie stieg nicht nur hoch und runter, sondern rollte das Becken bei jedem Stoß und bewegte den Oberkörper mit den kleinen festen Brüsten in einer entgegengesetzten Acht. Ich hatte so eine Bewegung mal in einem Bauchtanzkurs lernen sollen, war daran aber jämmerlich gescheitert. Jetzt sah ich, wofür man das alles brauchen konnte.

Auch Bollinger war sichtlich angetan, und ich gab mir Mühe, meinen Fuß möglichst elegant um ihre Brüste spielen zu lassen.

»Gleich komm ich«, röchelte er, »kommste mit?«

Die Geisha wölbte ihm ihren Oberkörper entgegen und rekelte sich.

»Kommen kostet extra. Auf Titties oder Füße spritzen, kostet auch extra.«

Instinktiv zuckte ich zurück, aber er tätschelte meinen Spann und sah mich fast väterlich an.

»Seh ich aus wie 'n Barbar? Ich weiß, was gucken heißt. Stell ma zurück, das Füßchen.« Und zu der Geisha: »Zieh die Karte durch'n Schlitz, also Sinnbild! Und mach's dir mit meinem Schwanz drinne.«

Sie schob ihm zwei Finger in den Mund und ließ sie ihn nass lecken, bevor sie sich die Hand zwischen die Beine schob und ihre Ritze streichelte. Mit einem Kopfnicken gab er mir zu verstehen, dass ich meinen Fuß tiefer halten sollte, also stellte ich ihn auf den professionellen Oberschenkel, sodass der Wikinger beides gut im Blick hatte, meine Zehen und ihre Möse, die von ihren Fingern gestreichelt wurde.

»Ja, mach das Pünzchen happy«, hauchte er und legte mit einem Stöhnen den Kopf in den Nacken. Sie ritt ihn heftiger, kreiste dabei auf ihrer Klitoris und ließ sich schließlich mit einem spitzen Schrei aus ihrem kleinen rot geschminkten Mund auf seinen Schoß fallen. Sie öffnete die Augen wieder und stieg von ihm ab. Mit gekonnten Griffen knotete sie den Obi zu und küsste ihn auf die Stirn.

»War ein schönes Reiten, domo arigato, rein und raus bis happy, Bollinger San«, zwitscherte sie mit einer künstlich hohen Stimme, und ich musste an den spülenden echten Japaner in der Küche denken.

War das noch Karneval oder schon Rassismus? Also das Konzept musste Mara überdenken.

Am nächsten Tag stand ich in der Redaktion am Kaffeeautomaten und hibbelte herum, weil ich nicht sicher war, dass der Plan, den Mara und ich uns beim Kimonoabstecken ausgedacht hatten, wirklich funktionieren würde. Eine Mediation in Anspruch zu nehmen oder das Ganze dem Chef zu erzählen war schnell vom Tisch gewesen, denn Florian durfte von dem Ausrutscher mit dem Hausmeister nie erfahren, also konnte ich keine großen Wellen schlagen. Auch eine Kündigung war völlig absurd. Erstens kündige ich keinen halbwegs sicheren Job, zweitens durfte es nicht sein, dass irgendein Krimineller mein Leben durcheinanderbrachte, und drittens hätte er vielleicht selbst dann den Film online gestellt. Ich wiederholte im Kopf noch einmal das Gespräch zwischen Mara und mir – da rollte die Rettung auf Inlineskates heran, blond gelockt und sweet wie ein Engel: Josie, die Schülerpraktikantin.

Josie war seit drei Wochen bei uns, bemühte sich sehr, hatte offenbar Ehrgeiz und amüsierte uns erwachsene Frauen mit markigen feministischen Hardcore-Sprüchen und Kommentaren zu ihren wild bewegten Tinder-Dates. Gerade mal achtzehn, aber einen Männerverschleiß wie Katharina die Große. Wir wünschten uns wohl alle, wir hätten uns als Teenager so ausgetobt, fanden es aber gleichzeitig auch anstrengend. Was Josie da erzählte, klang eher nach Erfüllung einer Akkordvorgabe als nach Spaß. Einmal, berichtete sie uns lachend, hatte ein Tinder-Date, während sie vögelten, tatsächlich weiter auf dem Handy herumgewischt. Ich bewunderte Josie für ihren Humor, ich selbst wäre in der Situation wahrscheinlich in Kastrationslaune gewesen. Sie war eine überaus selbstbewusste junge Frau mit der Libido eines Pornoromanstars, sie würde solidarisch sein, dachte ich mir. Sie war auch die Einzige, die mich nicht aus den Augenwinkeln anstarrte oder mit einer Kollegin herumtuschelte. Und außerdem hatte ich keine Alternative. Also passte ich sie auf dem Weg in die Kantine ab und redete nicht lange drum herum.

»Du hast ja gehört, was ich neulich für Bockmist gebaut habe«, fing ich an, und sie winkte direkt ab.

»Schwester, peace, ich hab mich auch schon zum Stressabbau lecken lassen«, lachte sie.

»Jaaaaa«, jetzt wusste ich doch nicht richtig weiter, also Flucht nach vorn, »das Blöde ist allerdings, dass es von meinem Auftritt einen Film gibt und der Hausmeister mich damit erpresst.«

Ihre Augen wurden groß und rund wie die einer Mangafigur.

»So ein Arsch!« Ihre Stimme klang sofort wütend, das war gut.

»Ganz genau. Er hat mir gedroht, er würde es auf YouTube stellen, wenn ich morgen früh keinen Sex mit ihm habe.«

»Anzeigen!«, befahl mir die blond gelockte Josie, die mir gerade bis zu den Schulterblättern ging. »Sofort anzeigen! Dem Chef sagen! Frauenbeauftragte anrufen!«

Ihre Loyalität tat mir gut. Endlich jemand, der auf meiner Seite war. Gelobt sei die lila Solidarität.

»Ich denke eher an etwas anderes«, sagte ich und setzte mich mit ihr auf eine der breiten Fensterbänke im Flur, um ihr meinen Plan zu erklären.

Es lief wie am Schnürchen. 007 Billy, Geheimagentin Ihrer Königlichen Fotzität. Im nächsten Leben werde ich hauptberufliche Intrigenspinnerin, werfe mir nachts ein schwarzes Cape um und rette die geknechteten und bedrohten Muschis dieser Stadt. Und ich brauche unbedingt eine coole schwarze Banditenmaske. Josie war aber auch wirklich ein Schatz. Sie kaufte sich einen shrekgrünen Slush in unserer Cafeteria und ließ ihn mit einem oscarreifen spitzen Schrei im Flur fallen. Der Hausmeister war erwartungsgemäß schnell vor Ort, denn der Chef liebt die Böden wie geleckt, wobei ich ans Lecken jetzt lieber nicht denken wollte. Josie bedankte sich überschwänglich und bestand darauf, ihn zu einem Kaffee in das schicke Café gegenüber einzuladen. Er sträubte sich, wollte lieber in die Cafeteria, aber mein Engelchen Josie schwärmte von den Soja-Latte mit extra Milchschaum und dem veganen Matcha-

Cheesecake, und der Hausmeister gab nach, verstaute Mopp und Overall im Putzmittelraum, und als Josie sogar seine Hand nahm, vergaß er ihn abzuschließen. Genau das hatte ich gehofft. Wohl nicht genug Blut im Hirn. Ich versteckte mich noch kurz hinter dem Pfeiler, schlich mich dann rein und schnappte mir sein Handy. Den Entsperrcode kannte ich ja: zweimal Doppel-Null. Ich löschte das Video. Danke, Josie, die Muschischaft dieser Welt ist stolz auf dich.

Beim Dank sollte es nicht bleiben. Josie war engagiert und nett, aber sie machte solche Sachen nicht umsonst, das war mir von Anfang an klar gewesen. Also hatte ich ihr auf der Fensterbank angeboten, sie, wenn alles geklappt hatte, in der nächsten Redaktionssitzung als Assistentin vorzuschlagen und sie mit zu einem meiner wichtigsten Termine zu nehmen. Das »Schlaflos-mit-Sybille«-Weekend stand wieder an: Initiativen, Selbsthilfegruppen, Bordelle, Strippschulen und Gruppen aller Art veranstalteten erotische Events. Das Ganze hatte sich aus meiner Kolumne und meinen sonstigen Artikeln entwickelt, und ich war sehr stolz auf meine Connections zu allen möglichen Aktivistinnen. Ich hatte von Anfang an die Berichterstattung darüber gemacht, es war immer eine meiner großen Reportagen, dafür bekam ich fünf ganze Seiten, war von morgens bis abends unterwegs und konnte nebenher noch Kontakte für neue Storys knüpfen. Nach der Abmahnung war ein bisschen Ruhm genau das, was ich brauchte. Josie würde viel dabei lernen und vielleicht auch etwas Kleines selbst schreiben oder fotografieren, wenn sie sich gut anstellte.

Ich war sehr zufrieden mit mir, als ich abends nach Hause kam. Endlich ein Tag, der gut gelaufen war.

Bollinger hatte mir eine SMS geschickt, dass er versuchen würde, für mich den Kontakt zur Leiterin der Show herzustellen. INFERNO sei zwar durchaus eine Art Circus, aber viel schneller und gefährlicher, gar nicht zu vergleichen mit normalen. Ich hatte natürlich auch die Presse verfolgt und war neugierig geworden, was das wohl sein sollte: »Eine Nummer, bei der Ihr Herz stehen bleibt« oder »Akrobatik und Tricktechnik, die einem das Blut in den Adern gefrieren lässt«. »Die Show direkt aus der Hölle« titelte ein Konkurrenzmagazin und schrieb: »Man kann kaum glauben, dass alle Artisten ihre Acts gut gelaunt überleben.« Darüber wollte ich auf jeden Fall schreiben, aber etwas anderes als die üblichen Show-Kritiken. Eine Insider-Reportage wäre der Brüller. Und mit Bollingers Beziehungen würde ich das vielleicht hinkriegen.

Ich ließ mir ein Bad ein. Wenn Florian später kam, könnten wir den Sushi-Boten anrufen. Zusätzlich zum Badesalz goss ich noch Öl in die Wanne. Normalerweise bin ich nicht so die Schaum-Nixe, ich bin zu hibbelig, um stundenlang herumzudümpeln, bis die Haut schrumplig wird, aber heute hatte ich etwas Besonderes vor.

Es war wohl ein Glückstag, ich hatte nicht nur den Hausmeister besiegt, sondern auch den Paketboten. Normalerweise warf er bei mir immer bloß eine Karte in den Kasten. Selbst wenn ich zu Hause war, bekam ich meine Päckchen nie live, sondern sammelte sie in den Bars und Geschäften im Block ein. Manchmal musste ich bloß eine Treppe rauf- oder runterlaufen, manchmal war es eine regelrechte Schnitzeljagd. Paketboten sind die Sadisten unserer Zeit, sie haben die Macht, und sie nutzen sie. Und wahrscheinlich bestrafen sie Leute wie mich, die höchstens mal ein Paar Stiefel bestellen, für solche Extremkunden wie Mara, die sich sechzig Kilo Katzenstreu in den vierten Stock liefern lässt. Als ich sie fragte, wie es sein konnte, dass ich meinen Paketboten noch nie leibhaftig gesehen habe und ihrer gerne das Gewicht eines Plus-Size-Models unters Dach schleppt, griff sie den Saum ihres T-Shirts und zog ihn mit einem Ruck hoch über ihre blanken Brüste. Okay, auch eine Form von Motivationshilfe. Aber diesmal musste ich weder meinen Busen schwingen lassen noch durch die Nachbarschaft irren, denn auf meiner Paketkarte hatte einfach »Müll« gestanden, und tatsächlich: Auf der Abfalltonne im Hof lag mein quietschtürkises Päckchen, leider wenig neutral verpackt mit dem großen Schriftzug *Orgasmation – Freude für sie und ihn von zart bis hart*. Na prima, jetzt wussten auch die Nachbarn, dass ich mir einen Vibrator in die Möse schieben wollte. Allerdings keinen x-beliebigen, sondern das neue Rennermodell, von dem Mara mir erzählt hatte: schlank, weich genoppt, besonders hart vibrierend und vor allem wasserdicht.

Wie versprochen lag das Ding bereits aufgeladen im Päckchen. Nichts ist ja blöder, als wenn man feucht im Schritt und geil das Paket aufreißt und dann erst ewig lang vor der Steckdose sitzt, bis der Freudenspender endlich einen Mucks macht.

Dieser funktionierte einwandfrei. Während das warme Wasser in die Wanne lief, schaltete ich ihn schon mal an und fand, dass er erstaunlich heftig rappelte, und zwar auch an den richtigen Stellen, also unten am Schaft, nicht oben an der Spitze. Welche Frau will denn ihren Muttermund elektroschocken.

Ich zog mich aus, steckte mir die Haare oben auf dem Kopf zusammen und ließ mich ins warme, ölige Wasser gleiten.

Meine Muskeln entspannten sich fast schlagartig, am liebsten wäre ich abgetaucht und nie mehr hochgekommen. Ich massierte leicht meine Brüste und zupfte an den Nippeln: immer rundherum und wieder zupfen und zwischen den Fingerspitzen zwirbeln. Das Öl und das warme Wasser ließen meine Hände so schön über meinen Busen gleiten, ich hätte das noch Stunden machen können, aber dann war ich doch neugierig, wie sich der Pleasurestab unter Wasser anfühlen würde. Ich drehte ihn höher, er surrte lauter, und ich schickte ihn auf Erkundungstour, über meinen Bauch, an den Schenkeln entlang und dazwischen. Um besser manövrieren zu können, legte ich eine Wade auf dem Badewannenrand ab und stützte den anderen Fuß auf den Wasserhahn. Der Vibrator drang langsam in meine Möse ein und machte wirklich einen guten Job unter Wasser. Ich ließ ihn herausschwimmen und schob ihn erneut in meine Muschi. Die Augen hatte ich geschlossen, meine Bewegungen waren träge, ich hatte keine Eile. Hätte ich den Zauberstab längs über meine Klitoris gleiten lassen, wäre ich in kürzester Zeit gekommen, ich bin die Speedy Gonzales der Masturbation, die schnellste Klit von Mexiko, wenn man mir ein Elektroteil reinsteckt. Völlig wurscht, ob ich schon geil bin oder einfach nur so anfange: Sobald etwas Elektrisches an meinem Kitzler rappelt, kriegt der einen Lustschock, und der Orgasmus überrollt mich.

Ich war ganz versunken in die wohlige Wärme und meine Gedanken, die zu dem Geisha-Event zurückliefen, nur dass ich in meiner Fantasie keine Maiko war, sondern eine Sexgeisha, nackt unter dem Kimono und hingebreitet auf dem Tisch, wo alle Gäste, Männer und Frauen an mir herumfummelten, ihre Finger in mein Fötzchen steckten, an meinen Nippeln saugten oder meine Achseln leckten. Gerade stellte ich mir vor, wie der Wikinger mit seinem großen Schwanz an meiner Möse spielte, während die anderen in einem Trinkspiel darüber abstimmten, ob er mich von vorn oder hinten ficken sollte, da hörte ich ein Geräusch in der Diele. Ich erschreckte mich zwar, aber mir war schon klar, dass es Florian sein musste, also unterbrach ich meine Lovesession nicht, von mir aus konnte er zugucken. Er klopfte kurz gegen den Türrahmen und trat ins Bad.

»Wow, siehst du heiß aus«, sagte er, nachdem er mich eine Weile angesehen hatte, küsste mich und zog seine Lederjacke aus. Er schlüpfte aus den lila Sneakers und setzte sich auf den Toilettendeckel.

»Ich hab einen Vibrator in der Möse«, sagte ich, »das entspannt ganz ungemein.«

Er streichelte mein Bein, das auf dem Badewannenrand lag. »Zeig mal.«

Ich hob das Becken an, bis meine Möse halb unter und halb über Wasser war, und zog das neue Spielzeug heraus.

»Das fickt am Eingang sehr schön«, sagte ich und ließ den Vibrator in mir kreisen. »Das macht mich ganz glitschig, meine Muschi tropft vor Mösensaft.«

»Gut, dass du in einer Wanne liegst und nicht das Bett überflutest«, flachste Florian und starrte gebannt hin, als ich mich mit dem Stab verwöhnte.

»Willst du sehen, wie ich komme? Soll ich es mir fertig besorgen, während du zuguckst?«

Er lehnte sich gegen die Fliesenwand. »Es wäre mir eine Ehre.«

Ich zog den Vibrator aus meiner Muschi und hob wieder das Becken an, damit er einen besseren Blick hatte. Dann ließ ich das Gerät durch den Spalt zwischen den Schamlippen gleiten. Ich fiedelte mir die Fut und achtete darauf, dass die Klitoris immer Kontakt zum Wunderstab hatte. Nichts ist lusttötender als eine unbeschäftigte Klitoris, wenn ich richtig horny bin. Ich rieb mich immer schneller, und als ich kam, zog ich die Scheidenmuskulatur fest zusammen und schob den Vibrator langsam gegen den Widerstand in meine Möse. Als die Wellen abebbten, sank ich erschöpft mit dem Hintern auf den Wannenboden. Und legte mir die Hände über die Augen.

Kurz nach einem Höhepunkt bin ich immer gern einen Moment ganz bei mir. Ich hab nichts dagegen, wenn man mir beim Masturbieren zusieht, aber dieser Augenblick, wenn das Fötzchen noch zuckt und sich diese Wärme überall im Körper ausbreitet, gehört nur mir. Florian kannte das schon und streichelte meine Wade weiter. Die Spannung floss aus meinem Körper, und auch der Vibrator rutschte aus meiner Möse, surrte unter Wasser und trieb dann an die Oberfläche. Florian fischte ihn heraus und stellte ihn aufs Waschbecken.

»Der kommt wohl in die Sammlung«, stellte er fest und breitete ein großes Handtuch für mich aus. Ich stieg aus der Wanne, ließ mich von ihm einwickeln und abfrottieren und versprach ihm, die Zeit bis zur Sushi-Lieferung gewinnbringend zu nutzen.

»Ich könnte dir zum Beispiel den Schwanz lutschen«, schlug ich vor.

Er lachte.

»Sehr gern, aber die Sushi kommen in vierzig Minuten, was machen wir dann die restlichen achtunddreißig?«

Am nächsten Tag im Büro sah mich der Hausmeister mit Tarantino-Blick an, sagte aber nichts. Tja, dumm gelaufen, gegen zwei von uns kriegst du nichts hin. In der Konferenz schlug ich Josies Beförderung zur Assistentin vor und wunderte mich dabei nur halb, dass Josie auch am Tisch saß. Eigentlich holte sie sonst bloß Kaffee für die Redaktion und stellte sich dann still mit einem Block neben die Tür.

»Ich würde Josie also gern beim Weekend mit rausnehmen und ihr einiges zeigen«, schloss ich, nachdem ich eine Weile von Josies Recherchefähigkeiten geschwärmt hatte, und sah in die Runde. Eigentlich sollte der Chef das jetzt abnicken. Aber statt seines üblichen gegrummelten Standardspruchs »Mach halt, Hauptsache, der Artikel wird nicht total scheiße« meldete sich Josie. Ich warf ihr einen überraschten Blick zu.

Sie klappte ihren Block auf.

»Letztes Jahr haben etwa zwanzig Gruppen und Einzelpersonen bei dem Wochenende mitgemacht«, referierte sie, »dieses Jahr sind es fast vierzig, also doppelt so viele. Das kann Sybille unmöglich allein schaffen. Deshalb haben wir uns überlegt«, sie strahlte mich an und nickte mir zu, »dass wir uns die Events aufteilen. Sybille, ich bin dir so dankbar, dass du mir das zutraust.«

Die anderen sahen mich skeptisch an, aber niemand sagte etwas, wahrscheinlich stellten sie sich mich mit tropfender Möse auf dem Kopierer vor. Außerdem war es ihnen wohl wirklich egal, ob ich plötzlich zur Praktikantenmutti mutierte.

Nur der Chef hakte nach.

»Das sind ein Dutzend Interviews an zwei Tagen. Kriegt Josie das hin?«

Letzte Ausfahrt. Wenn ich mich jetzt von Josie ausbooten ließe, säße sie in kürzester Zeit an meinem Schreibtisch, und ich würde ihr den Kaffee bringen. Die Kleine war nicht ehrgeizig, die war gierig. Und ich war dämlich genug gewesen, ihr eine so heikle Sache wie den Hausmeister anzuvertrauen. Ich hielt es inzwischen sogar für möglich, dass sie vielleicht mit ihm im Café über mich gesprochen und das aufgenommen hatte. Das wusste ich natürlich nicht, vielleicht schlug meine Paranoia gerade wieder zu, aber ich konnte es mir keinesfalls leisten, sie gegen mich aufzubringen.

Also lehnte ich mich im Stuhl zurück und nickte langsam.

»Mit etwas Unterstützung wird sie das hinkriegen, denke ich.« Josie sah mich zwar einen kurzen Moment wütend an, aber dann wurde ihr offenbar klar, dass sie trotzdem einen sehr guten Deal gemacht hatte, denn normalerweise schrieben Praktikanten bei uns nie selbst, sie wurden für Recherche und Aufträge aller Art verheizt, niemals stand der Name einer Schülerin in unserem Magazin.

»Ich werde alle Artikel von ihr redigieren«, versprach ich, der Chef nickte zufrieden, und ich versuchte, nicht eingeschnappt auszusehen. Das kleine Miststück hatte mich überlistet. Und indem ich jetzt einen Rest Oberwasser behielt, halste ich mir viel mehr Arbeit auf, als ich gehabt hätte, wenn ich die Interviews selbst geführt und geschrieben hätte.

Der Konferenzraum lehrte sich schnell, nur Josie und ich blieben zurück.

Sie lächelte mich beim Rausgehen zuckerwattesüß an und pustete sich die blonden Korkenzieherlocken aus dem Gesicht.

»Gute Entscheidung.«

Mistbitch. Wenn ich ehrlich bin, wusste ich da schon, dass mir dieses Engelchen noch Ärger machen würde.

Auf dem Platz:
Salto mortale

Erst ist es nur ein Rauschen im Dunkeln, von weit her, ich nehme es kaum wahr. Dann wird es plötzlich so laut und so gewaltig, als würde mich eine Lawine überrollen. Zwei helle Lichter strahlen mich an, ich bin blind von der gleißenden Helligkeit. Lärm kommt dazu, ein Gebrüll, das mir die Trommelfelle in den Ohren sprengt und durch mich hindurchschreit, als hätte ich überhaupt keine Substanz, als wäre ich ein Geist, ein kalter, körperloser Geist, der nur aus Angst besteht. Ich werfe mich zur Seite, instinktiv, da ist nichts mehr bewusst geplant, mein Kopf ist völlig ausgeschaltet, der Lärm und das Licht machen mit mir, was sie wollen. Ich werde zur Seite geschleudert, ich falle und falle ins Bodenlose und schreie. Das weckt mich endlich, und langsam komme ich zu mir. Ich bin froh, dass dieser Ton aufgehört hat und dass ich nicht mehr geblendet werde, aber ich weiß nicht genau, wo ich bin, es ist stockdunkel, meine Füße sind über mir, meine Schulter schmerzt. Ich bin klatschnass und zittere am ganzen Körper. Die Kälte kriecht mir durch die Glieder. Panisch sauge ich die Luft ein, keuche, atme wieder. Jemand greift nach mir, aus Reflex schlage ich um mich, kämpfe wie ein verwundetes Tier, meine Nackenhaare sind aufgestellt, und mein Herz hämmert gegen meine Rippen. Ich versuche die Kontrolle wiederzuerlangen, bis endlich eine Stimme zu mir durchdringt. Die kenne ich. Ich halte mich daran fest wie an einem Seil, ich erkenne Wummes Bass und umklammere seinen Arm, der mich festhält. Er redet auf mich ein, leise, aber ununterbrochen, als würde er eine seiner Echsen beruhigen. Ich fühle, wie sein Körper sich bewegt, während meiner jetzt schwer ist wie ein Sack. Meine Schulter glüht, mein Atem beruhigt sich. Wumme findet offenbar sein Handy, denn nach einigem Zucken scheint ein kaltes Licht auf uns herab. Ich kneife die Augen zusammen. Nicht schon wieder so ein Scheinwerfer. Aber dann erkenne ich meine Umgebung langsam und weiß endlich, wo ich bin. Ich liege halb in und halb vor Wummes niedrigem Klappbett. Meine Füße sind noch auf der Matratze und haben sich offenbar mit der Decke verwickelt. Der restliche Körper liegt nackt auf dem Boden. Mein gesamtes Gewicht drückt auf die eine Schulter. Wumme zieht mich zu sich und hält mich ganz fest.

»Da hat's dich ja ordentlich rausgeworfen«, sagt er und streichelt meine verschwitzten Haare.

Ich weine ein bisschen. Gar nicht wegen etwas Bestimmtem, es ist reines Hysterieschluchzen. Er wartet, bis ich mich beruhigt habe.

»Albtraum?«

Ich wische mir über das Gesicht.

»Offensichtlich. Aber ich erinnere mich nicht. Nur Lärm und Licht und so eine unglaubliche Gewalt, als wäre ich in eine Druckwelle geraten.«

Er wiegt mich sachte.

»Denk nicht mehr dran. Jetzt ist es vorbei. Bohr nicht nach, jetzt bist du wach. Wackel mal mit den Zehen.«

Ich sehe ihn überrascht an, aber er nickt zu meinen Füßen.

»Echt. Zehenwackeln hilft gegen Panik. Such dir irgendwas Körperliches, das möglichst weit weg von dem Chaos in deinem Kopf ist.«

Ich mache es ihm zuliebe, merke aber bald, dass es mich tatsächlich beruhigt.

»Was glaubst du, bedeutet das?«

Er schaltet das Handylicht wieder aus.

»Gar nichts. Grübel nicht. Träume sagen gar nichts. Jetzt bist du hier bei mir, und alles ist gut.«

Das wiederholt er immer wieder, bis meine Zehen langsamer werden und ich wieder Müdigkeit fühle. Das kleine Fenster seines Wagens zeigt fast nur Schwarz, fast. Vor dem dunklen Himmel leuchtet über dem Chapiteau der Name der Show in die Nacht: *INFERNO*.

»Alles ist gut, du bist bei mir. Denk nicht dran, du bist hier, du bist bei mir, alles ist gut.«

Dann schlafe ich wieder ein.

Als ich endgültig aufwache, ist es schon wieder richtig heiß. Wumme hat zwar die Fenster seines Wohnwagens geöffnet, aber die Hitze steht in dem kleinen Raum. Er fehlt, und als ich auf die Uhr sehe, wird mir auch klar, warum. Fünf nach elf, er hat mich schlafen lassen und ist ohne mich zur Tagesarbeit gegangen. Ich liege völlig erschöpft da und fühle mich, als wäre ich nachts unter einen Mähdrescher geraten. Aber Wumme hat recht, Grübeln bringt nichts.

Ich stehe auf und bin so klebrig vor altem Schweiß, dass ich zuerst duschen gehe. Mal sehen, welcher Zeltarbeiter den großen Wasserschlauch hat. Den hängen sie über einen Ast oder stecken ihn in eine Metallkonstruktion, und dann stellt man sich einfach drunter. Ich ziehe mir schnell meinen kleinen

Slip und ein T-Shirt an, denn ich weiß inzwischen, dass mir jeder, der in der Nähe ist, beim Duschen zusehen wird. Das stört mich nicht, aber ein bisschen was zum Träumen sollen sie noch haben.

Ich finde den Schlauch hinter dem Wagen der Italiener. Irgendwo höre ich Motorräder aufheulen, wahrscheinlich warten sie ihre Maschinen oder proben einen neuen Stunt. Der Schlauch hängt über einem Basketballkorb, der einfach so in der Gegend herumsteht. Vielleicht war das früher mal ein Sportplatz, oder jemand hier spielt gern und hat ihn aufgestellt. Ich gehe zurück zum nächsten Wasseranschluss, der nur wenige Schritte entfernt in der Lücke zwischen zwei Wagen ist, wo diese seltsame Mitarbeiterversammlung stattgefunden hat. Ich weiß immer noch nicht, was ich davon halten soll. An Wummes Erklärung, es sei ein AA-Treffen gewesen, glaube ich jedenfalls weiterhin nicht, eher schon, dass es etwas mit einer Sekte oder vielleicht auch einem Aufnahmeritual zu tun hat. Das werde ich herauskriegen, immerhin bin ich ja eine Starreporterin – oder wollte wenigstens mal eine werden. Haben Sie irgendwo Dreck, dann rufen Sie Billy an, ich grabe drin rum. Trüffelschweinjournalismus. Ich hoffe immer, dass ich dabei irgendwann auf Gold stoße. Aber erst mal duschen. Mit einem Quietschen lässt der widerspenstige Wasserhahn sich nach einigen Versuchen aufdrehen. Das Wasser rauscht durch den Schlauch, ich laufe zurück, wo es schon in einem Schwall heraussprudelt, und stelle mich mit Slip und Shirt darunter. Es ist herrlich, kühl und frisch, auf der empfindlichen Kopfhaut sogar kalt, genau richtig für einen heißen Tag. Es prasselt über mein Gesicht, und eine Weile bleibe ich einfach so stehen und genieße es, überschüttet zu werden. Als ich die Augen wieder öffne, sehe ich, dass ich

Zuschauer habe. Das war ja klar. Zwei mongolische Artisten winken mir lachend zu. Die beiden führen jeden Abend bizarre Doktorspiele zwischen Gruselshow und Comedy auf, wobei sie in weißen Arztkitteln wie von der Tarantel gestochen durch die Manege rennen, sich verrenken und jagen und dabei allerlei Apparaturen ausprobieren. Sie gehen mit Skalpellen aufeinander los, schieben sich dicke Schläuche in den Hals, schütten literweise Flüssigkeiten hinterher, greifen sich gegenseitig in den Brustkorb wie bei diesen messerlosen Operationen von Wunderheilern, die eine Weile dauernd im Fernsehen zu sehen waren, sie sägen sich den Fuß ab und hämmern sich riesige Nägel in den Schädel, alles untermalt von einer irren Musik, bei der die Stimme der Sängerin sich ständig überschlägt, Balkanpop oder so was. Dazu extreme Stroboskop-Beleuchtung. Wenn das Spektakel vorbei ist, habe ich immer das Gefühl, eine Riesenmigräne rollt auf mich zu, aber die beiden Mongolen sind permanent gut gelaunt und liefern jeden Abend diese Show ab. Wie bei allen anderen Nummern weiß ich auch hier nicht, wo der Trick ist. Ich könnte schwören, dass ich beim Artisteneingang mal gesehen habe, wie einer von ihnen noch diesen handlangen Nagel im Schädel stecken hatte.

Die zwei schauen jetzt jedenfalls mir zu, statt ich ihnen, also winke ich freundlich zurück. Eine der italienischen Schwestern ist auch aus dem Wagen gekommen, raucht eine Zigarette und lehnt sich in der Hocke an eines der Wohnwagenräder, als sie mich sieht. Und weiter hinten spielt eine Gruppe Beleuchter Karten, die werden mich inzwischen bemerkt haben. Gerade als ich überlege, was ich jetzt machen soll, denn irgendwie erscheint es mir zu wenig, einfach zu duschen, wenn sie alle täglich in der Manege ihr Äußerstes geben, gerade als ich zu dem Schluss komme, ich könnte wenigstens das T-Shirt ausziehen, höre ich hinter mir Wummes Stimme.

»Du hast das Shampoo vergessen.«

Er stellt sich nah neben mich, und es ist ihm offenbar egal, dass auch er jetzt nass wird. Mit Oberlehrerton liest er mir die Flaschenrückseite vor. »Pflegt strapaziertes Haar bis in die Spitzen und sorgt für griffige Geschmeidigkeit.«

»Na dann mach mich mal mit Griffen geschmeidig.«

Ich drehe mich leicht von ihm weg, er verteilt einen Klacks Shampoo zwischen seinen Händen und legt sie mir auf den Kopf. Sobald er anfängt, mich mit den Fingerspitzen zu massieren, kräftig und gefühlvoll, als wäre er in einem früheren Leben Shampoonierer gewesen, breitet sich das Kribbeln über meinen Körper aus. Er walkt und knetet mein Haar, massiert meine Schläfen, streicht die ganze schwierige Nacht heraus, wringt und schrubbt, ich könnte schnurren vor Wohligkeit. Berge von Schaum laufen über meinen Rücken und meine Brüste. Er verteilt sie über meine Schultern und reibt meine Brüste durch das nasse T-Shirt hindurch. Der Stoff, der an mir klebt, und der Schaum, der sich auch unter dem Shirt ausbreitet, sorgen für ein unglaubliches Gefühl auf der Haut. Wumme steht hinter mir, ich lehne an ihm und lasse ihn einfach machen. Soll er mir doch vor all diesen Leuten die Hupen rubbeln, Hauptsache, er hört jetzt nicht auf. Die Nacht steckt mir noch in den Knochen, und »Fuck the pain away« ist bei mir immer das Mittel der Wahl. Ich stelle die Füße etwas weiter auseinander und sage: »Intimpflege finde ich ja auch ganz wichtig.«

»Auf jeden Fall«, nickt er, »es muss immer alles schön frisch im Schritt sein.«

Er schiebt mein T-Shirt über den Bauch und lässt eine Hand in meinen Slip gleiten. Das Wasser prasselt weiter auf meinen

Körper, und es fühlt sich so an, als würden mich nicht zwei, sondern zehn Hände anfassen.

Unser Publikum klatscht.

Ich knicke leicht in den Knien ein. Der Schaum fließt überall hin, ich bin rundherum glitschig. Wummes Hand in meinem Slip macht mich mit kreisenden Bewegungen ganz wuschig, er wäscht meine Möse, ich muss an rubbeldiekatz denken, während ich das vertraute Ziehen in meinem Unterleib fühle, die reine Geilheit, die sich ausbreitet. Und als hätte Wumme es geahnt, steckt er mir genau jetzt einen Finger in die Muschi. Ich bin so nass, dass er einfach hineinflutscht. Der Schaum rinnt über meine Oberschenkel und meinen Hintern, während Wumme weiter meine Möse walkt, knetet und reibt und immer wieder einen oder zwei Finger hineingleiten lässt. Er stellt sich eng neben mich, zieht mir das Shirt über die Brüste und fasst mir mit einer Hand vorn und mit der anderen hinten in den Slip. Glücklicherweise hatte ich ein elastisches Miniteilchen angezogen. Seine Finger fahren gleichzeitig zwischen meinen Mösenlippen und meinen Arschbacken hin und her, beide Ritzen rauf und runter, und jedes Mal wenn seine Finger über meinen Kitzler oder mein Poloch fahren, geht ein Stich aus Geilheit durch meinen Bauch. Schließlich konzentriert er sich auf diese beiden Stellen, presst und massiert sie, und als ich komme, ist es so heftig, dass ich in den Knien einklappe und er die Hände schnell aus meinem Slip ziehen muss, um mich aufzufangen.

»Die königliche Möse ist nun sauber«, lacht er.

Ich schmiege mich an ihn.

»Die königliche Kimme bedankt sich ebenfalls.«

Durch seine nasse Hose hindurch fühle ich seine Erektion und fasse fester zu.

Er schüttelt kurz den Kopf.

»Sonst immer gern, aber es ist Lichtprobe, der neue Beleuchter ist noch nicht eingearbeitet, und wenn ich da tropfnass ankomme, kriegt die Patronessa einen Anfall. Also zieh ich mich jetzt mal schnell um. Aber nach der Vorstellung darfst du mir gern den Schwanz lutschen und die Eier kraulen.«

Ich lache. »So verbleiben wir.«

Er küsst mich und geht.

Inzwischen kenne ich die Abläufe der Show schon ganz gut. Beim Einlass trage ich, verkleidet als altmodische Seiltänzerin, im Vorzelt einen Bauchladen mit Süßigkeiten, Getränken und Leuchtstäben herum, lasse die Zuschauer mein steifes rosa Tutu anfassen und drehe eine Pirouette, wenn sie etwas gekauft haben. Sobald die Zeltarbeiter die Eingänge schließen, kontrolliere ich die Toiletten, ob jemand etwas vergessen hat, eine Brille oder eine Tasche, dann lasse ich den Bauchladen bei den Foodtrucks, laufe ums Chapiteau herum und gebe am Artisteneingang dem Koordinator ein Zeichen, der dann über Headset der Band Bescheid sagt.

Mit einem Wolfsjaulen der Sängerin geht die Show los. Am Anfang rennen alle, auch die Techniker, die Zeltarbeiter und ich, in irren Kostümen durchs Chapiteau, nicht nur innerhalb der Manege, sondern auch die Zuschauerränge entlang. Wir reißen die Augen auf, verzerren die Münder, schreien, so laut wir können, raufen uns die Haare, klettern über die Bänke, werfen uns zwischen die Leute und strampeln mit Armen und Beinen. Währenddessen lassen sich die beiden Strapatenkünstler von der Bungee-Nummer, die bis dahin in der Chapiteaukuppel verborgen waren, an ihren langen elastischen Bändern herunterfallen, sie stürzen aus dem Nichts bis kurz über dem Boden, Artisten hetzen mit laufenden Kettensägen herum und werfen Messer, die Musik tobt, die Lichter flackern, Feuerfontänen schießen aus den Wänden, und bunter Nebel wabert. In dem Höllenspektakel weiß das Publikum spätestens jetzt, wieso die Show INFERNO heißt und der Einlass erst ab sechzehn ist.

Während in der Manege der Wahnsinn der richtigen Nummern beginnt und es immer noch Momente gibt, die ich mir nicht ansehen kann, ohne zusammenzuzucken oder mir eine Hand vor die Augen zu halten, bleibe ich im Artisteneingang stehen und reiche Requisiten an die Künstler, die reingehen, und Bademäntel oder Wasserflaschen an die, die rauskommen. Ich bin auch für die Trippen zuständig. Die Artisten, die mit Ballettschuhen oder Strümpfen arbeiten, brauchen in der Show saubere Fußsohlen, also ziehen sie diese Clogs darüber, wenn sie aus ihren Wagen zum Chapiteau kommen und über den Rasen und staubige Wege laufen müssen. Erst hier am Manegeneingang schlüpfen sie aus den Überschuhen, die dicke Holzsohlen haben, fast wie japanische Geta. Alle sind sehr empfindlich mit ihren Trippen, die für mich nahezu gleich aussehen, aber ich muss mir merken, welche Artistin die mit der roten Schnalle oder die mit dem blauen Band trägt, und ihr genau die anreichen, wenn sie von ihrer Nummer zurückkommt.

Ein Mädchen vom Feuertrampolin rempelt mich nicht nur nass geschwitzt und rußverschmiert an, sondern mustert mich auch feindselig, als ich vor ihr knie, um ihr die Trippen mit dem Muster in der Sohle über die fast verkohlten Strümpfe zu ziehen.

»Wieso stehst du eigentlich immer nur rum und machst keine eigene Nummer?«

Ich lache verlegen und ziehe die Schultern hoch.

»Ich kann so was nicht.«

Jetzt bekommt ihr Mund einen bitteren Zug, und sie zeigt in die Manege, wo die italienische Motocrosstruppe ihre Maschinen aufheulen lässt.

»Süße, wir alle wurden dafür nicht geboren. Das lernste hier schon.«

Ich kann mir nicht vorstellen, dass sie das ernst meint, und versuche es noch mal.

»Ich beobachte hier doch nur, ich schreib meine Reportage und bin dann wieder weg.«

Sie lacht auf, es klingt fast wie das Wolfsheulen, mit dem die Band die Show eröffnet, und sagt im Weggehen: »Nee, Mausi, is' klar.«

»Ärger dich nicht. Die ist immer gestresst nach ihrem Act.«

Wumme steht hinter mir, die große gelbe Schlange windet sich um seine Schultern, der Leguan sitzt missgelaunt in einem Einkaufswagen neben ihm. Ich würde gern ein bisschen mit ihm sprechen, aber einer der Beleuchter unterbricht uns.

»Wumme, wann kriegst du noch mal den grünen Spot? Bei der Würgeschlange oder wenn du deine Hand in den Alligator steckst? Raffa ist doch nicht mehr da, und die Patronessa hat mir nichts gesagt.«

Ich werde hellhörig. Ich kenne kaum einen Techniker mit Namen, aber ich weiß, wer Raffa ist, der mit der Stirnnarbe, er war bei meiner ersten VIP-Orgie dabei, und er hat auch während dieses merkwürdigen Treffens ein Pergament verbrannt. Ich tippe dem Beleuchter auf die Schulter.

»Wo ist Raffa denn?«

Er dreht sich nur kurz und widerwillig zu mir, seine Augen kleben auf Wummes Schlange.

»Heimgegangen. Nach Hause ist er halt.«

Als er »nach Hause« sagt, bekomme ich plötzlich solches Heimweh, dass es in meinem Magen zieht und ich einen dicken Kloß im Hals habe. Wie lange bin ich schon hier? Wie lange habe ich nicht mit Mara gesprochen? Ich muss mich mit aller Gewalt zusammenreißen, so sehr vermisse ich sie, aber ich bleibe, wo ich bin, und reiche Schutzhüllen für Kettensägen, Talkumbeutel und Masken an.

Nach der Vorstellung, als der Schlussapplaus durch ist, die Zugabe und die Zugabe der Zugabe, lassen sich die Artistengroupies mit schwarzen Belladonna-Augen im Stehen hinter den Toilettenwagen vögeln. Ich bleibe in der Nähe des Chapiteaus, bis alle Lichter abgeschaltet sind und in der Wohnwagenstadt die übliche Betriebsamkeit anfängt. Ich will unbedingt den Beleuchter noch mal fragen, wieso Raffa mitten in der Saison gekündigt hat, und danach will ich zur Telefonzelle auf den Parkplatz und endlich Mara anrufen. Mit irgendjemandem muss ich das besprechen, sie muss mir sagen, ob ich einen Schuss habe oder ob es hier wirklich nicht mit rechten Dingen zugeht. Aber gerade als ich mich auf den Weg zum Bretterzaun mache, höre ich die knarzende Stimme der Patronessa im Dunkeln.

»Wir prüfen mal, ob ihr hier richtig seid«, sagt sie.

Sie und Wumme gehen mit drei jungen Männern, eher noch Jungs, am Chapiteau entlang. Die drei sehen verwirrt und ängstlich aus. Einer ist rothaarig, der zweite hat einen geölten Hipsterbart, und der dritte dürfte gerade erst volljährig sein.

Er dreht sich immer wieder panisch um, die anderen beiden älteren wirken fast wie Schlafwandler und lassen sich zwischen den Wohnwagen hindurch zu ihrem Mobil dirigieren.

»Das haben wir gleich. Wir schauen in die Kristallkugel, und dann wissen wir, was Sache ist.«

Eigentlich klingt sie ganz mütterlich, aber wie sie den Arm um die Taille des Jüngsten legt, als der sich umdreht und der nackten Bungeeartistin nachgafft, das hat etwas sehr Bestimmendes. Die beiden anderen trotten neben ihr her, mit glasigen Augen und hängenden Schultern. Wumme bleibt hinter den vieren, wie ein Hund, der seine Herde zusammenhält. Ich sehe, dass die Patronessa sie die Stufen hinaufschiebt. Wumme stellt sich vor die Tür. Ich schlage einen großen Bogen und schleiche mich von hinten ans Wohnmobil an. Ein Fenster steht ein Stück offen. Ich klettere auf einen hüfthohen Ball, den ich in der Show noch nie gesehen habe. Er steht zwar auf einem Metallgestell, ist aber trotzdem ziemlich wacklig, fast falle ich herunter, dann fange ich mich und ziehe mich am Fensterbrett hoch. Na also, ein bisschen Artistenblut hab ich doch. Ich spähe ins Innere des Wagens.

Die Patronessa hat hinter ihrem Tisch Platz genommen und legt die Hände über die Kristallkugel, die erhebt sich von der Tischplatte und schwebt eine Handbreit darüber. Die drei Jungs warten fast ängstlich um sie herum, ich kann gut nachempfinden, wie sie sich fühlen, dort habe ich auch schon gestanden. Vielleicht haben sich die drei während der Vorstellung danebenbenommen und müssen deshalb jetzt hier antanzen?

Als es klopft, lächelt die Patronessa in die Runde und sagt: »Ah, Besuch für euch. Unser Leben ist hart, aber nicht ohne Vergnügungen.« Die Tür öffnet sich, und Fredo, einer der Kettensägen-Jongleure, kommt mit Cara und Dante von der Motocross-Nummer herein. Alle drei sind praktisch nackt bis auf sehr wenig Stoff, ihr Bühnen-Make-up und die Bikerstiefel. Die Patronessa winkt sie zu sich. Jetzt ist es eng im großen Wohnmobil.

»Wir sind noch nicht sicher, ob diese drei hübschen Knaben bei uns bleiben. Ich denke, man sollte ihnen mal zeigen, dass das Showbusiness auch sehr verführerisch sein kann.«

Mit einer Handbewegung dirigiert sie die drei Artisten zu je einem der Jungen, die nur dastehen und offenbar nicht wissen, was sie jetzt machen sollen.

Cara öffnet den Gürtel des Rothaarigen, der ihr am nächsten steht, zieht das Leder aus den Schlaufen und verschnürt ihm mit seinem eigenen Gürtel die Hände auf dem Rücken. Hypnotisiert sieht er sie an und lässt sich von ihr auf die Knie drücken. Sie nimmt ein Seil, das die Patronessa ihr reicht, zieht es durch den Gürtel und wickelt es um seine Füße, dann zurrt sie das ganze Paket so fest zu, bis der Junge völlig verschnürt ist. Elegant wie eine Burlesque-Stripperin streift sie ihren Slip ab und verbindet ihm damit die Augen. Er kniet mit offenem Mund vor ihr, sie schiebt ihm einen Daumen hinein und lässt ihn daran saugen.

Dante hat inzwischen dem Bärtigen die Hose heruntergezogen, ihn mit Schwung auf die Küchenanrichte gesetzt, seine Beine gespreizt und begonnen, seine Eier zu lecken. Der schließt die Augen und stützt sich hinterrücks ab. Kurz zuckt er zusammen, als Dante einen großen Klecks Gleitgel, das sicherlich kalt ist, auf seinem Schwanz verteilt. Die Patronessa, die neben ihn getreten ist, raunt ihm ins Ohr: »Schön glitschig muss es sein.«

Cara hat ihren Daumen aus dem Mund des ersten Jungen genommen und ist nah an ihn herangetreten. Ihre buschig behaarte Möse ist nur einen Zentimeter von seinem Gesicht entfernt. Er schnüffelt zwischen ihren Beinen wie ein Hund und versucht wohl auch, in ihre Spalte zu züngeln, sie herrscht ihn an: »Nicht lecken«, und zieht das Seil auf seinem Rücken noch strammer, sodass sein Oberkörper sich wie ein gespannter Bogen nach hinten wölbt.

Der Jüngste wehrt sich nicht, als Fredo ihm das Hemd aufknöpft und an seinen Brustwarzen saugt, dreht aber das Gesicht weg, sodass Fredo ihn nicht küssen kann.

Die Patronessa klatscht in die Hände.

»Wechselbäumchen!«

Mit einem Kopfnicken tauschen Fredo und Cara die Partner. Fredo streift sich den Slip ab, kommt rüber, stellt seinen Fuß im Bikerstiefel auf die Oberschenkel des Rothaarigen und beugt sich dann runter, um dessen Hose zu öffnen.

»Also bei mir darfste ruhig lecken«, herrscht er ihn an, zieht sich ein Kondom über, und der Mann gehorcht sofort. Da Caras Slip immer noch seine Augen verbindet, schnappt er mit offenem Mund nach Fredos Schwanz, der mir gewaltig groß vorkommt, und saugt an der Eichel.

Die Patronessa umarmt selbst ihren massigen Oberkörper und reibt sich die Arme, als sie sieht, dass Cara mit dem Jüngsten nicht so recht weiterkommt, anders als Dante, der sich das Gleitgel jetzt auch noch in der Hand verteilt und den Schwanz des Bärtigen umschlossen hat. Er wichst ihn mit gleichmäßigen Bewegungen, während er Cara beobachtet, die ihre kleinen Brüste an dem Jüngsten reibt. Der weiß offenbar nicht, was er tun soll, also führt sie seine Hand zwischen ihre Beine. Die Patronessa streckt einen Mittelfinger hoch und stößt damit vor sich in die Luft, bis der Junge es ihr gleichtut und seinen Finger in Caras Möse gleiten lässt, was sie mit einem freundlichen und ermutigenden Gurren kommentiert.

Fredo hat dem Rothaarigen den Hosenlatz geöffnet, dessen Schwanz herausgeholt und reibt nun seinen Bikerstiefel am Schaft, während er sich blasen lässt und ihm ab und zu Klapse auf den Kopf gibt, wenn er das Tempo ändern oder fester saugen soll. Auf der Küchenanrichte sitzt der Mittlere und hat die Beine so weit geöffnet, wie er kann. Er lehnt neben dem Fenster an der Wand und liegt fast zwischen den Küchengeräten der Patronessa. Er flüstert Dante etwas zu, aber die Patronessa schreitet ein.

»Nein-nein, du wirst nicht auf meiner Anrichte gefickt, ein bisschen muss ja auch noch für später bleiben, ihr habt alle Zeit der Welt, um euch das Hirn rauszuvögeln, das muss nicht neben meinem Brotbacker sein.«

Cara und der Junge küssen sich tief und leidenschaftlich, selbst bis hier kann ich ihre Zunge arbeiten sehen. Dabei leitet sie ihn an, wie er ihre Möse verwöhnen soll, und bewegt ihre Hand auf seiner mal schneller und mal langsamer, bis er einen guten Rhythmus gefunden hat und stetig tief in sie stößt, den Finger herauszieht, zwischen ihre Mösenlippen gleiten lässt, um den Kitzler zu reizen, und ihn wieder einführt. Sie löst sich von ihm, legt den Kopf in den Nacken, lächelt breit vor Lust und atmet röchelnd. Der Junge betrachtet sie so fasziniert, als hätte er diesen Gesichtsausdruck noch nie bei einer Frau gesehen. Sie fasst ihm an den Schritt, und er kommt, bevor sie seine Jeans aufknöpfen kann. Die Patronessa klatscht in die Hände.

»Cara ist wieder mal die Schnellste. Wenn die anderen Herrschaften bitte jetzt auch ihre Sache zum Ende bringen würden.«

Fredo spritzt auf Kommando ab, zieht den Schwanz aus dem Mund des Ersten und pellt sich das Kondom herunter. Die Patronessa reicht ihm dafür einen kleinen Abfalleimer. Fredo löst den Strick, sodass der Mann seinen Schwanz wichsen kann, während er sich auf dem Boden zusammenrollt und Fredo die Bikerstiefel leckt. Auch der Bärtige auf der Küchenanrichte kommt nach einigen lauteren Seufzern. Wie bei einem eingespielten Team wirft die Patronessa Dante eine Küchenpapierrolle zu, der fängt sie und stülpt zwei Blatt genau im richtigen Moment über den Schwanz, kein Tropfen geht daneben. Der Mann will sich bei ihm revanchieren, aber Dante winkt ab.

»Ich mach's mir lieber später selbst.«

Cara hält den Jungen noch in ihren Armen, streichelt ihm durchs Haare und übers Gesicht und redet leise auf ihn ein. Der Junge küsst ein letztes Mal ihre nackten Brüste und staunt ihr hinterher, als alle drei Artisten das Wohnmobil verlassen.

»Wartet draußen, meine Schätzchen«, ruft ihnen die Patronessa hinterher. Keuchend erhebt sie sich und hilft dem ersten Mann, die Fesseln ganz zu lösen und aufzustehen.

Dann wendet sie sich wieder ihrer Kristallkugel zu. Sie sieht jeweils einen der drei scharf an, und während die Kugel beginnt, sich zu drehen und mit Nebel zu füllen, verliere ich das Gleichgewicht auf dem wackligen Ball und falle rücklings ins Gras.

Ein scharfer Schmerz durchzuckt mich, und besonders die Schulter, auf die ich heute Morgen in meinem Albtraum schon gefallen bin, glüht förmlich. Es kostet mich alle Beherrschung, nicht zu schreien. Mist, gerade jetzt, wo es spannend wurde, ich Trottelkuh weiß immer noch nicht, wie dieser Kugelhokuspokus funktioniert. Schlechteste Reporterin ever. Ich beschimpfe mich weiter in Gedanken, während ich mich aufrapple und so dicht unter das Fenster stelle wie möglich, um wenigstens mithören zu können. Auf den lebensgefährlichen Ball kriegt mich jedenfalls niemand mehr. Aber da geht innen auch schon das Licht aus, offenbar ist die Hellseherei vorbei.

Ich schleiche ein Stück weiter und springe in letzter Sekunde hinter den angrenzenden Wagen, denn Wumme kommt um das Wohnmobil herum und rollt den Ball nach vorn. Die Stimme der Patronessa klingt jetzt herrisch wie die einer Richterin.

Zuerst ist der Rothaarige dran.

»Also, du wirst eine Weile bei uns sein. Fredo zeigt dir deinen Wagen, und morgen fängst du an, mit dem Ball zu trainieren. Das ist eine sehr schöne Nummer, die gut ankommt beim Publikum. Wir lassen dicke Glasscherben auf den Manegenboden regnen, das knirscht und funkelt ganz zauberhaft, ach, das erklären wir dir alles in den nächsten Tagen. Es ist genau das Richtige für dich.« Fredo nimmt ihn mit sich, der Rothaarige sieht sich immer wieder um und weiß gar nicht, wie ihm geschieht.

Die Patronessa wendet sich dem ganz jungen zu und hält ihm einen Hunderter entgegen.

»Von dir verabschieden wir uns. Du bist praktisch noch ein Baby, du solltest nicht hier sein. Es steht ein Taxi auf dem Parkplatz. Reicht das Geld für die Heimfahrt? Hab ein schönes Leben. Bleib sauber, und vergiss uns nicht.« Sie tätschelt ihm die Schulter, und Cara bringt ihn Richtung Bretterzaun. Vielleicht sollte ich mich da anschließen und mir mit ihm ein Taxi teilen? Aber Wumme wendet sich mit Dante und dem Dritten, dem Bärtigen, dem Wald zu, und das kann ich mir nun überhaupt nicht erklären. Die Patronessa sagt auch nichts mehr zu ihm, schenkt Wumme nur ein Nicken. Dante klatscht ihn ab, und Wumme ergreift den Bärtigen am Ellenbogen und führt ihn ins Gehölz.

Dante bleibt noch bei der Patronessa stehen und zündet sich einen Zigarillo an. Er sieht traurig aus.

»Heftige Sache. Vielleicht war es ihm nicht so klar.«

Die Patronessa nimmt ihm das Zigarillo ab und zieht lange.

Als sie spricht, klingt ihre Stimme gepresst und noch kratziger als sonst.

»Was soll ihm daran nicht klar gewesen sein. Infiziert. Männlein, Weiblein und alles dazwischen ficken und die anderen nicht schützen – glasklar. Und bei dem Rotfuchs, nun ja, man wird sehen.«

Ich verstehe gar nichts mehr. Was geht sie das an? Was soll das? Was will Wumme mit dem Bärtigen im Wald? Wohnwagen gibt es da nicht, und das Unterholz wird immer dichter, dort kommt jedenfalls keine Straße. Eine Gänsehaut kriecht mir über den Rücken. Es muss eine Erklärung geben. Ich schlafe in seinem Bett, ich muss doch wissen, was er ungefähr macht. Obwohl ich kaum ruhig stehen kann und dauernd auf und ab wippe, die Arme um mich schlinge, damit das Zittern aufhört, das meinen ganzen Körper ergriffen hat und mich durchschüttelt, als hätte ich Fieber, bleibe ich hier im Dunkeln und warte.

Keine Ahnung, wie lange ich so gewartet habe, aber endlich kommt Wumme wieder. Allein. Er schlägt mit der Hand zweimal kurz und einmal lang gegen die Wohnmobiltür der Patronessa und verschwindet schließlich auf dem Platz. Ich bleibe zurück und bin hin- und hergerissen, ob ich den Wald durchstreifen soll, vielleicht ist da ja doch eine Straße, oder ob ich meinem Impuls nachgeben und wegrennen soll, im dritten Ring bis zum Bretterzaun, dann ein paar Schritte am Chapiteau entlang bis zur Tür, wo die Foodtrucks stehen. Notfalls klettere ich über den Zaun, und selbst wenn ich mir alle Knochen breche: Ich muss hier weg, das fühle ich ganz deutlich. Die Panik füllt mich aus vom kleinen Zeh bis zu den aufgestellten Haarwurzeln. Keine Ahnung, was die hier abziehen, keine Ahnung, was Wumme für die Patronessa erledigt, aber jetzt ist der Spaß vorbei. Der Chefredakteur kann mich mal, soll er mich doch feuern, wenn ich ohne Reportage nach Hause komme, aber ich muss fliehen.

Ich laufe los, ducke mich und schleiche hinter den Wohnwagen vorbei. Der dritte Kreis, der zweite, der erste, das Chapiteau. Dicht an der starken Zeltwand entlang. Dann der Bretterzaun. Etwa so hoch wie ich, ich kann mit den Händen oben draufpacken. Was hat Florian mir im Abrisshaus über Parcouring erzählt? Sich selbst überwinden, nicht nur das Hindernis. Wie war noch die Technik, um sich hochzuziehen? Ich spanne meine Muskeln an, bin sicher, dass sie mich nicht im Stich lassen, dass sie mich tragen werden, es muss einfach klappen, ich werde auf der anderen Seite auf den Parkplatz springen und keine Zeit mit Telefonieren vergeuden, ich laufe einfach los, laufe und laufe, bis ich an eine Tanke oder ein Lokal oder irgendwas komme. Mein Bizeps brennt so, als würde er reißen, mit vollem Gewicht hänge ich an meinen Händen, die Finger schmerzen sofort unerträglich, ich versuche das zu ignorieren. Zentimeter für Zentimeter schiebt sich mein unsportlicher Körper nach oben. Wenn ich einen Fuß auf den Bretterzaun stellen kann, habe ich gewonnen, dann würde ich mich hochhebeln und müsste nur noch ins Dunkel springen, aber daran denke ich erst, wenn es so weit ist. Ich hole Schwung mit dem rechten Fuß – und tatsächlich, es klappt! Meine Ferse liegt auf dem Zaun, jetzt noch meinen Hintern ein Stück höher, dann kann ich das Gewicht verlagern und auf der anderen Seite runterrutschen. Etwas stößt an mein Knie.

Die Tür im Bretterzaun geht nach innen auf, genau da, wo ich hänge wie ein an die Wand geworfener Frosch, und die Patronessa tritt auf den Platz. Wieso kommt sie von außen? Der ganze Platz ist bis zum Wald eingezäunt, der einzige andere Ausgang ist der bei Wummes Gehegen, den die Ambulanz im Notfall nutzt. In der kurzen Zeit kann sie unmöglich über den Platz und außen rumgelaufen sein. Sie schließt die Tür hinter sich und klopft mir auf den Rücken.

»Ich denke, Liebchen, es ist Zeit, dass wir mal reden.«

Alle Kraft strömt aus meinen Muskeln, ich lasse mich fallen und rutsche ihr wie ein nasser Sack vor die Füße.

Als sie mich zu ihrem Wohnmobil zurückbringt, frage ich mich, ob mir jetzt auch so ein Gericht bevorsteht, ob ich danach in den Wald muss und was dort wohl passieren wird.

Aber die Patronessa lässt das samtene Tuch auf der Kristallkugel liegen.

»Wieso bist du hier?«, fragt sie mich.

Was soll das? Sie weiß das doch.

»Wegen meiner Reportage.«

»Da gibt's noch andere Gründe.«

Mir wird schlecht, ich zucke aber nur mit den Schultern.

»Privater Scheiß.«

Sie nickt und wiederholt mich.

»Privater Scheiß, soso.«

In ihrem trippeligen, schaukelnden Gang schlurft sie zu dem Gemälde an der Wand, das ich immer noch gruselig finde:

die Frau mit dem lila Irokesen, den Schnurrbarthaaren und dem weißen Kaninchen auf der Schulter.

»Na, dann werfen wir doch mal einen Blick hinter die Spiegel«, schnarrt die Patronessa und schwenkt das Bild zur Seite.

Dahinter kommt ein Flatscreen zum Vorschein. Ein verwaschenes schwarz-weißes Bild, offenbar von einer Überwachungskamera. Erst kann ich kaum etwas erkennen, dann sehe ich, dass es die Manege ist, leer, nachts. Die Zeitangabe des Videos sagt, dass ich ein Livebild sehe. Genau jetzt dreht sich in der Mitte der INFERNO-Manege eine Frau langsam im Kreis, den Kopf hat sie in den Nacken gelegt. Die Kamera zoomt auf einen Knopfdruck der Patronessa näher heran, und dann füllt das Gesicht den ganzen Bildschirm aus. Ein Puppengesicht, ein kleiner, herzförmiger Mund, runde Wangen, große Augen, die Wimpern werfen einen Schatten bis auf die Jochbeine. Sie trägt einen altmodischen Dutt und einen kleinen Hut schräg in der Stirn. Zwei Pfauenfedern auf dem Hut wippen, wenn sie sich bewegt. Sie sieht direkt in die Kamera, ich habe das Gefühl, sie sieht in mich hinein. Ihr Puppenmund öffnet sich, und ich lese wie in Zeitlupe von ihren Lippen ab, was sie sagt. Meinen Namen.

Es ist Mara.

In der Stadt: fünf Wochen vorher

Durchatmen. Nicht aufregen. Das Engelchen ist ein Teenie, da sind die Synapsen im Gehirn noch nicht endgültig verdrahtet, und die Hormone fluten sie ständig, da kann man schon mal durchdrehen. In dem Alter ist es ihr Job, Erwachsenen auf den Wecker zu gehen, das dient der Selbstfindung. Ich zählte innerlich bis fünf, um runterzukommen, aber dann brach es aus mir raus.

»Krümel nicht auf das Programm!«

Sie wischte über den großen vollgeschriebenen und beklebten Papierbogen, der vor uns lag, und biss unbeeindruckt in einen rosa glasierten Donut.

»Ich nehm das hier«, nuschelte sie und sprühte wieder Donutbröckchen über unser Arbeitsmaterial.

»Du entscheidest da mal gar nichts, du nimmst, was ich dir zuteile«, versuchte ich die Oberhand zu gewinnen. Wär doch gelacht, wenn ich mich von so einer Minnie Mouse unterkriegen lassen würde.

Josie zuckte mit den Schultern. Auch das trieb mich zur Weißglut. Wir saßen jetzt schon seit zwei Stunden im Konferenzraum und wählten Veranstaltungen für das »Schlaflos mit Sybille«-Weekend aus. Eigentlich war das eine meiner liebsten Arbeiten. Normalerweise saß ich allein in einem leeren Büro, neben mir ein geeister Milchkaffee, während ich die

Flyer, Briefe und Ankündigungen durchsah, die mir die Frauengruppen, Fortbildungszentren und Erotikinstitute schickten. Anfangs war »Schlaflos mit Sybille« nur eine Interviewreihe gewesen, die in loser Folge zwischen meinen sonstigen Sex-Artikeln erschien, aber inzwischen hatte sich das Ganze zu einem Happening entwickelt. Überall in der Stadt veranstalteten Leute irgendetwas rund ums Thema Erotik, man konnte Tagespässe und Zehnerkarten dafür kaufen. Sogar das Lokalfernsehen berichtete über die eine oder andere Aktion – vorausgesetzt, sie war nicht zu schrill, zu extrem oder zu heiß. Für mich galt diese Einschränkung glücklicherweise nicht, also pickte ich mir die schönsten Sachen heraus. Und ein paar langweiligere schob ich Josie zu, dem Engelchen, das ich an der Backe kleben hatte, weil ich so dämlich gewesen war, sie in eine Sache für Erwachsene reinzuziehen. Erpresserischer Hausmeister hin oder her, das hätte ich besser wissen müssen. Die Kleine wollte nicht einfach Karriere machen, die sägte gezielt an meinem Stuhl. Das passierte immer wieder. Fürs Politikressort haben solche Zecken zu wenig Grips und für Mode zu wenig Geschmack. Kultur verstehen sie nicht, und Sport ist ihnen zu anstrengend. Aber Erotik, das kann ja jeder, na klar, gefickt haben sie schon mal, also wissen sie alles darüber. Die glauben, fürs Sex-Ressort muss man nichts können, deshalb sehen sie da ein Supersprungbrett. Zeit, um dem Engelchen mal klarzumachen, dass sie noch eine Menge lernen muss.

»Bist du LGBTQ-affin?«

Sie sah mich mit großen Augen an. Ich legte nach.

»Oder willst du zur Demo von der ›No fap‹-Gruppe? Bist du bereit für einen Selbstversuch mit Cock-Candys? Nebenan näht das Fotzenforum Plüschvaginas, da hättest du zwei Termine in einer Location.«

Sie verzog den Mund.

»Fotzenforum? Bäh, was für ein fieses Wort.«

Ich lehnte mich betont entspannt zurück.

»Josie, die weibliche Sexualität ist nicht nur niedlich. Muschi, Pfläumchen, Kätzchen, Bärchen ... das ist kein Toys "R" Us für Männer. Dieses ewig nur Hübsche, Kleine, Kindliche, das ist Opferton.«

»Männer sagen so was wie Fotze. Das ist ein Schimpfwort.«

Ich schüttelte den Kopf.

»Wir holen uns die Nacht zurück, so lautete ein alter feministischer Slogan aus den Siebzigern. Heute holen wir uns den Porno zurück. Eine Fotze ist etwas sehr Kraftvolles und Aggressives. Denk mal an die Vagina dentata. Eine Vagina verschlingt, und es werden Babys hindurchgepresst, an dieser Stelle ist eine Frau gleichzeitig innen und außen, Männer haben Angst davor. Was meinst du, wo der ganze misogyne Scheiß herkommt.«

Ich konnte ihr ansehen, dass sie nicht wusste, was misogyn bedeutete, aber sie fragte nicht. Großer Fehler, nur dumme Leute und ganz dumme Journalisten fragen nicht nach und bleiben dumm.

»Also, ich mag Männer, und vor mir brauchen die keine Angst zu haben.«

Das ist genau das Problem, Engelchen, aber dafür gibt's ja Frauen wie mich. Das sagte ich ihr allerdings nicht.

Ich klopfte mit dem Stift auf die ausgewählten Veranstaltungen und ging die Liste mit ihr durch:

»Hier, die ›No fap‹-Gruppe, die demonstrieren im Park gegen Selbstbefriedigung. Sie bringen einen steifen dicken Pyjama mit, der wie ein Astronautenanzug aussieht, damit man sich auch im Schlaf nicht zufällig dort anfasst, wo's Spaß macht.

Sie wollen ein Crowdfunding aufziehen, um das Ding in Serie produzieren zu lassen. Geh da mal hin.«

Ich schrieb ihren Namen auf das Papier. Sollte sie doch im Stadtpark mit ein paar traurigen Lustverweigerern rumstehen.

»Und hier: der Workshop über Muffing im Café Zickenzentrale. Da erfährst du, wie man eine Transfrau fingert. Du weißt schon: wenn der Penis noch nicht weg ist oder nicht wegsoll. Man kann stattdessen die Leistenkanäle stimulieren. Hast du jemals eine Transfrau kennengelernt? Na siehste. Fortbildung.«

Auch dahinter schrieb ich ihren Namen. Das Thema interessierte mich zwar, aber ich kannte die Referentin. Die würde das Ganze staubtrocken mit Overheadfolien und viel medizinischem Jargon vorstellen. Die nächsten beiden Punkte auf der Liste wollte ich unbedingt selbst machen, also schrieb ich so schwungvoll »Billy« dahinter, dass der Filzstift quietschte.

»›Heiß auf Rädern‹ übernehm ich.« Beim Tag der offenen Tür im ersten S/M-Bordell für körperlich Behinderte gab es immer sehr nette Leute und köstliche Kekse, das verschwieg ich Josie lieber. Ich weiß nicht, wieso, aber alle Dominas, die ich kenne, backen hervorragend. Ich hab mal eine Spezialistin für Klistiere interviewt, die brachte einen Calvados-Cheesecake zustande – göttlich! Lag wohl daran, dass sie vier Kinder hatte, da lernt man hausfrauliche Fähigkeiten. Das andere, das ich mir selbst ansehen wollte, weil ich wusste, dass das Lokalfernsehen ein Kamerateam schicken würde, war die Aktion »Dorfmatratze«. Der anthroposophische LGBTQ-Dorfladen wollte den Marktplatz des Stadtteils mit lauter Matratzen auslegen und dann sehen, was passierte, während sie den Menschen, die sich dort vielleicht niederließen, um vielleicht auch erotische Handlungen zu vollziehen, alkoholfreie Bowle von Biobauern-Kooperativen aus der Region reichten. Und Kondome. Die allerdings nicht vegan und nicht Fair Trade. Abgesehen von der moralischen Bowle, fand ich das Anliegen, eine Performance gegen Chauvinismus und Lustfeindlichkeit zu veranstalten, wirklich interessant.

»Und das hier machst du noch.«

Josies Namen landete hinter »Oberton-Orgasmus, Ekstase durch Gesang«. Das war eine öffentliche Chorprobe der Singing Swingers. Erstens hatte ich keine Lust, in ihrem immer ungeheizten Proberaum rumzustehen, und zweitens ist es für eine ungeübte Schreiberin fast unmöglich, anschaulich über Gesang zu berichten. Daran würde sich Josie die Zähne ausbeißen.

Ich riss doch noch den Cock-Candy-Workshop an mich, da wurden im Zentrum »Der bewegende Mann« Pralinen in Penisform hergestellt. Und dann könnte ich gleich nebenan im Laden des Fotzenforums zugucken, wie sie Plüschvaginas nähten. Auch zu »Kuschelmuschel«, der erotikfreien, angezogenen Kuschelparty ging ich gern selbst, vielleicht würde mir dort jemand die verspannten Schultern massieren. Und den Infoabend »Sex-Sabbatical« der Selbsthilfegruppe für Pornoschaffende übernahm ich ebenfalls. Pornoschaffende war ich ja quasi auch, mal sehen, wie die anderen so drauf waren. Abschließen würde ich den langen Tag in »Klit's Kitchen«, die einen aphrodisierenden Kochkurs anboten, irgendwann musste ich ja was essen. Und Josie konnte sich noch beim »Heimwichser-King« beibringen lassen, wie man Dildos aus Holz drechselt, das klang frivol, war aber eigentlich nur ein Schreinerworkshop.

Zwei spannende Aktionen, eine mit Intim-Photobox und eine Interview-Runde über Sex im Alter, die eine Studentengruppe im Seniorenstift durchführen wollte, waren leider kurzfristig ausgefallen. Ich hatte hin und her überlegt, und weil sonst nichts wirklich Prickelndes eingeschickt worden war, schrieb ich kurzerhand Mara ins Programm. Sie verband mit ihrem Geisha-Downton-Abbey-Service die Bereiche Escort und kulinarische Dienstleistung, das bot doch ein neues Konzept. Außerdem wollte ich sie gern ein bisschen unterstützen. Unter Freundinnen macht man das so.

»Das wäre unser Wochenende«, sagte ich zufrieden und gab Josie High Five. Sie schlug zwar ein, aber ich konnte ihr ansehen, dass sie sich nicht sicher war, ob sie wirklich einen guten Deal ausgehandelt hatte. Ihre Termine lagen kreuz und quer in der Stadt verstreut, sie würde die Hälfte der Zeit in Bussen und Bahnen sitzen, und da sie keine Ahnung von nichts hatte und in ihren Interviews sicher nicht nachfragte aus Angst, unwissend dazustehen, würde sie sich die fehlenden Grundlagen zwischendurch zusammengoogeln müssen. Aber sie hatte es ja nicht anders gewollt. Berufliche Erotik, Babysister, ist harte Arbeit, nichts für Muschis.

Ich rollte den Bogen zusammen, um ihn beim Chef abzugeben. Eine Vorschau sollte morgen schon online als Appetizer erscheinen. Alles klärchen.

Dass nicht alles klärchen war, erfuhr ich am nächsten Tag im Büro des Chefs. Irgendjemand hatte angerufen, gemailt, auf unserer Seite gepostet, getwittert und sogar gefaxt, also offenbar ein Mensch mit zu viel Zeit und zu vielen Elektrogeräten, dass ich im Magazin Vetternwirtschaft betreiben würde und unlautere journalistische Methoden hätte. Netterweise überall mit voller Namensnennung. Stimmte schon, Mara hätte ich nicht mit ins Programm nehmen dürfen, natürlich hatte ich das getan, weil sie eben meine Mara war, aber so viel Aufregung war nun auch wieder unangebracht. Ich berichtete ja nicht aus einem umkämpften Kriegsgebiet, sondern stellte Erotikprojekte in der Region vor. Trotzdem, der Chef tobte. Inzwischen war das sein normaler Billy-Modus.

»Diese Geishafrau fliegt raus!«, keifte er und schlug mit der Hand auf seinen Schreibtisch.

»Und du bringst stattdessen eine andere Reportage, aber so was von einem Knaller, Fräulein! Sonst brauchst du an deine Kolumne gar nicht mehr zu denken. Da mach ich lieber eine Reihe über Möhrensaft-Tasting oder Tipps gegen schrundige Füße, als mich in jeder Ausgabe über dich aufzuregen!«

Ich war wieder mal angezählt. Wenn man von jetzt auf gleich einen Knaller liefern soll und nicht die Zeit bleibt, um groß zu recherchieren, gibt es nur eine Lösung: über etwas schreiben, das man eh kennt. Also überlegte ich, was ich in den letzten Wochen erlebt hatte. Und da fiel mir das nächtliche Herumstreifen durch Abbruchhäuser mit Florian ein.

Das an sich war schon irgendwie sexy gewesen. Und dann gab es an der Ausfallstraße doch dieses ehemalige Frauenbordell, das lange leer gestanden hatte und bald abgerissen werden sollte. Warum verbanden wir jetzt nicht beides? Ein nächtlicher erotischer Ausflug durch ein leer stehendes Bordell? Klang nach einer guten Idee. Also rief ich Florian an und fragte, ob er mich dorthin mitnehmen würde. Großer Fehler. Ganz großer Fehler.

Wie immer, wenn ich Mist baue, mache ich das gründlich.

Florian erwartete mich in seinem Panzerknacker-Outfit auf einem abgelegenen Parkplatz. Ich kann mir nicht helfen, wenn ich an Parkplätze denke, fallen mir direkt Teenager-Massaker-

Filme, Gangbang-Pornos oder ausgesetzte Welpen ein. Er lehnte lässig an seinem Bike und hatte eine halb volle Flasche Zuckerschock in der Hand. Er liebte diese klebrigen Mixgetränke aus ein bisschen Milch mit vielen Schokoriegeln und hielt mir grinsend die Flasche hin.

»Das weckt die Diva in dir, von liebreizender Ilsebill zu Wonder Woman in zehn Sekunden.«

Ich sagte: »Alles Diva oder was?«, und nahm einen Schluck. Es erinnerte mich schwer an diese Glukose-Lösung, die man bei einem Insulin-Resistenz-Test trinken muss, aber ich wollte die Stimmung nicht verderben, als er »Kannste ruhig leer machen« sagte. Das wunderte mich zwar, denn normalerweise war er mit seinen Schokoschleimchen extrem geizig, aber ich hatte ja einiges vor heute Nacht, und ein paar Extrakalorien konnten nicht schaden.

Er drückte eine Koffeinkomprette aus einem Blister und bot mir auch davon eine an. Ich schüttelte den Kopf, ich war hibbelig genug.

Wir fuhren eine Viertelstunde durch einen Wald, in dem man noch die Verwüstungen des letzten Sturms sehen konnte. In der Stadt hatte ich das gar nicht so mitbekommen, aber hier waren richtige Schneisen in die Baumreihen geschlagen worden. Ganze Baumgruppen lagen entwurzelt da, die erdigen Ballen groß wie Findlinge in die Luft gestreckt. Am Straßenrand türmten sich die schon zersägten Stämme, die auf ihren Abtransport warteten.

»Jemand muss den Wald aufräumen«, murmelte ich und fand den Satz irgendwie geheimnisvoll. Überhaupt kam mir die Fahrt mystisch vor, das Auto schien zu schweben, und als ich die Scheibe herunterkurbelte, rauschten die Blätter ungewöhnlich laut und melodisch.

»Er singt«, sagte ich zu Florian, der vorsichtig die kurvige Straße entlangfuhr, »der Wald singt.«

Florian lächelte mir zu und konzentrierte sich wieder auf die Fahrbahn.

Ich war wohl ganz schön fiebrig, kein Wunder, normalerweise dringe ich ja nicht in abbruchreife Frauenbordelle ein.

Auf dem ehemaligen Kundenparkplatz, wo früher eine bunte Lichterkette geleuchtet hatte, von der noch Reste in den Ästen hingen, stiegen wir aus. Florians Lederkluft knirschte beim Gehen, ich fand das sexy.

»Stell dir vor, du arbeitest hier als Toyboy«, sagte ich, als wir den Kopf in den Nacken legten und die Fassade der Gründerzeitvilla ansahen. Eine Schande, so was abzureißen. Er legte mir die Hand in den Rücken.

»Mir reicht's, wenn ich dein Toyboy bin. Und das würde ich nicht unbedingt Arbeit nennen.«

Ich kicherte. Kicherte selbst für meine Ohren ein bisschen zu lang. Meine Herrin, musste ich Adrenalin im Blut haben. Normalerweise werde ich nur hysterisch heiter, wenn ich mit Mara bei Jaffakeksen und Crémant sitze und wir uns über irgendwas schlapplachen.

Florian schulterte seinen Rucksack.

»Wir gehen erst mal rum und sehen, wo wir reinkommen.«

Ich trottete hinter ihm her. Wie sollte meine Reportage heißen? »Nächtliches Verlangen, unterwegs mit einem Parcouristen« vielleicht? Oder »Sexy Ruinen, der Kitzel des Verbotenen«? Daran musste ich noch arbeiten. Zunächst wurde es sportlich.

Florian hebelte ein Fenster mit einem Brecheisen auf, stemmte sich aufs Fensterbrett und glitt ins Innere des Hauses. Dann streckte er mir die Hand hin und zog mich hoch.

Ich war bisher nie irgendwo eingestiegen und hatte jetzt schon ein schlechtes Gewissen wegen des zerstörten hölzernen Rahmens. Mara hätte daraus einen Shabby-Chic-Bilderhalter machen können. Aber in ein paar Tagen würde die große Abrissbirne kommen, und dann blieb von diesem Schätzchen eh nichts mehr übrig.

Wir standen offenbar in der ehemaligen Bar. Der Unterbau des Tresens war noch zu erkennen, und Reste des Regals dahinter. Einige Stühle lagen in Einzelteilen auf dem Boden herum, wir waren nicht die Ersten, die hier eingebrochen waren.

An der Decke sah ich eine massive Halterung, vielleicht hatte dort ein gewaltiger Kronleuchter gehangen oder eine Schaukel, auf der sich die schönsten Männer halb nackt den Kundinnen präsentierten und beim Hin- und Herschwingen die Muskeln spielen ließen.

»Einen Cent für deine Gedanken.«

Ich zeigte um mich.

»Hier fängt es an. Die Kundinnen kommen rein, die Jungs lehnen an der Bar oder lümmeln sich auf Sofas, zwei tanzen lasziv auf Podesten, und einer trägt Tabletts mit Jaffakeksen herum.«

Florian sah mich irritiert an.

»Puff und Kekse?«

Ich nickte sehr ernst.

»Puff-Plätzchen sind unerlässlich, es ist immerhin ein Bordell für Frauen. Deswegen gibt es eine Cheesecake-Flatrate und Wärmflaschen in den Betten, einen Fußmasseur, der herumgeht und die fraulichen Zehen entspannt, und einen Streichelzoo mit lauter plüschigen, flauschigen, großäugigen Schnäuzchentieren.«

»Was sind denn Schnäuzchentiere?«

Meine Göttin, redete ich einen Unsinn. Ich hatte Schwierigkeiten, mich zu konzentrieren. Die tatsächliche Ruine, die Florian mit seinem mobilen Strahler ableuchtete und in der der Putz von den Wänden bröckelte und teilweise auch abgeschlagen war, und meine Fantasie vom prunkvollen, dekadenten Plüschsalon voller heißer Toyboys verschwamm immer wieder. Ich sah überall Farben, obwohl das LED-Licht so grellweiß war. Als die Farben anfingen, über die Wände zu wabern, schüttelte ich heftig den Kopf und kommandierte uns in den nächsten Raum: die Umkleide, wenig spektakulär, dahinter ein fensterloses Kabuff, in dem wohl die Spinde gestanden hatten, wo die Kundinnen ihre Wertsachen einschließen konnten.

Was ist das für ein Gefühl, hier anzukommen, das Designerkostüm auszuziehen, in Korsage und Strapse zu schlüpfen, dann durch die Bar zu gehen und jeden Mann haben zu können, der einem gefällt? Wie wählt man da aus? Nach Statur, Haarfarbe, Alter? Oder wie im richtigen Leben nach Charme, Humor, Freundlichkeit? Bleibt man instinktiv innerhalb seiner eigenen Attraktivitätsklasse, oder gönnt man sich den Schönling, den man im Café nie ansprechen würde? Sprechen die Lüstlinge die Kundinnen an? Werben sie, würden sie um mich werben? Säße ich auf einem Barhocker, während mir drei Männer Versprechungen machen, wer mich am besten lecken, am kunstfertigsten fingern oder am ausdauerndsten ficken kann? Schon nicht unscharf die Idee.

Wir schlichen weiter durch die Eingangshalle, immer bemüht, möglichst leise zu sein, obwohl das Haus mitten im Nichts stand und außer uns niemand da war. Auf der anderen Seite fanden wir eine Treppe, die ins Tiefgeschoss führte, die

Wände waren mit grünen Jugendstilkacheln bedeckt, und es roch gechlort. Schon nach wenigen Stufen war der Gang mit Brettern vernagelt, da ging es offenbar zum Pool. Sex im Wasser, auch schön, mit lauter nackten Menschen, die sich glitschig umeinander winden wie Algen. Münder auf Nippeln, Finger in Fötzchen, Schwänze, die sich zwischen Arschbacken reiben.

Wir stiegen in den ersten Stock. Ein großes Zimmer und viele kleine, die Begattungsstätten offenbar.

»Die Spielwiese«, sagte ich, als wir in dem größeren Raum standen. Er war völlig leer, aber hier mussten die dicken Matten und Matratzen gelegen haben.

»Es war bestimmt stockdunkel. Man krabbelt durch eine Art große Katzenklappe hinein und wirft sich einfach ins Getümmel und hat keine Ahnung, wer nach einem greift, welcher Schwanz einen fickt, wer einem die Muschi lutscht.«

»Du kennst dich ja aus«, lachte Florian und küsste mich lange, und während er mich an den Türrahmen presste, konnte ich seinen Ständer an meiner Legging fühlen.

Auch die kleineren Zimmer waren leer, und wir sponnen herum, wer welche Spezialitäten hier wohl angeboten hatte.

»Das S/M-Kabuff. Der große Folterkeller ist unten neben dem Pool, aber hier standen ein Gynäkologenstuhl und vielleicht noch einige merkwürdige Apparaturen, die die Herrin des Hauses selbst entworfen hat. Fickmaschinen, mit und ohne Toyboy zu bedienen.«

Das nächste.

»Das Rosenzimmer. Alles romantisch wie ein Laura-Ashley-Albtraum. Mit Ethanolkamin und Cellospieler, der auf Wunsch beim Fiedeln zuschaut.«

»Der Latexraum für die Gummifreunde, ausgekleidet wie eine Zelle im Irrenhaus. Zwangsjacken für sie und ihn.«

Im letzten Raum stand noch ein Sofa. Das erste halbwegs intakte Möbelstück im ganzen Haus.

Ich ließ mich darauffallen. Mir war so schwindlig, und ich sah unscharf, versuchte es aber zu überspielen. Heute Nacht machte mein Kreislauf Zicken. Normalerweise geht's mir schnell besser, wenn ich an Sex denke.

»Stell dir mal vor, ich bin deine Kundin, und ich habe dich unten in der Bar gebucht.«

Florian lehnte an der Wand, grinste: »Na dann zieh dich mal aus.«

»Wieso ich? Du bist der Dienstleister. Ich will schon sehen, ob ich den Richtigen gebucht habe.«

Florian zog den Reißverschluss seiner Lederhose auf, griff hinein und holte seinen Schwanz heraus. Er stand schon ziemlich stramm und warf durch die Lampe, die Florian an seiner Bikerlederjacke befestigt hatte, einen langen Schatten auf die Wand.

Ich pfiff durch die Zähne.

»Hatte ich ein gutes Händchen beim Sonderangebot.«

Er blieb stehen, wo er war, spielte an seiner Eichel und nickte mir zu.

»Zieh dich aus. Ich will dich ganz nackt. Ich will, dass du dich nackt auf das Sofa setzt und die Beine für mich spreizt, damit ich dein Fötzchen sehen kann. Mich macht das immer so an, wenn du mir deine Fotze zeigst.«

Zögernd zog ich mich aus. Es war warm, aber auch dreckig hier. Der Mörtel bröckelte überall, und das Sofa war staubig. Ich legte meine Kleidung unter mich und lehnte mich an die wacklige Armstütze.

»Zeig mir deine geile Möse.«

Ich stellte die Knie auseinander. Florian strahlte mich mit dem Scheinwerfer an.

»Öffne deine Fotze noch weiter für mich.«

Ich zog mit den Fingerspitzen die Schamlippen auseinander. Als er nichts unternahm, begann ich, an meiner Möse herumzuspielen, ich streichelte mir durchs Schamhaar, berührte die Klit, ließ die Finger in meiner Spalte auf und ab fahren. Ich war so feucht, ich würde meine ganze Kleidung einsauen.

Endlich kniete er sich vor mich. Erst jetzt bemerkte ich, dass er Handschuhe trug, aber keine dicken Bikerhandschuhe, sondern dünne schwarze aus Latex. Wann er die übergestreift hatte, wusste ich nicht. Er beugte sich zu mir, bis sein Gesicht unmittelbar vor meiner Möse war, und schob mir einen Finger hinein. Die schwarzen Latexhände in meiner Muschi sahen bizarr aus, aber auch geil. Ich stöhnte.

»Gefällt dir das, wenn ich ihn dir reinschiebe? Und wenn ich so mit dem Finger in dir kreise, wirst du dann noch geiler?«

Ich nickte und röchelte. Ich fühlte mich, als würde ich im Nirwana schweben, völlig irreal, ich war dabei und beobachtete uns gleichzeitig.

Florian zog den Finger, der feucht glänzte, aus meiner Möse und schob ihn wieder hinein. Den Daumen der anderen Hand ließ er auf meinem Kitzler kreisen. Er bewegte seine Finger wie in Zeitlupe. Ich nahm die Knie in die Hände und zog sie bis zum Kinn. Der Druck auf meinem Kitzler wechselte, manchmal berührte er ihn kaum. Er drehte seinen Finger in meiner Muschi, fickte mich aber nicht. Es war quälend langsam und unglaublich geil. Ich legte den Kopf in den Nacken und atmete heftiger. Zögerlich strich sein Daumen über den Kitzler, verharrte einen winzigen Moment, der mir wie eine Ewigkeit erschien, strich zurück und begann wieder von vorn. Ich atmete lauter, sang fast bei jedem Streichen und wünschte, dass er mich schneller rubbeln würde, damit ich endlich kommen konnte, aber er ließ mich warten. Einmal zog er seinen Finger aus mir und besah sich seine Hand.

»Was für eine feuchte Fotze du hast. Was für eine nasse, patschnasse Fickfotze.«

Dann steckte er ihn wieder in mich und widmete sich meinem Kitzler. Und endlich fühlte ich es heranrollen und schrie, während er mich plötzlich in fast hektischen Bewegungen zum Höhepunkt peitschte.

Erschöpft lag ich da, der Raum drehte sich jetzt wirklich, und mir wurde ein bisschen übel.

Als ich anfangen wollte, ihn zur Revanche zu wichsen, hörten wir unten ein Geräusch. Und damit fing das Elend an.

Florian hatte seine Hose schneller hochgezogen, als ich gucken konnte. Ich hatte es gar nicht begriffen, benebelt wie ich war, aber als er ein Fenster öffnete und nach draußen auf den Sims stieg und ich immer noch nackt auf dem Sofa saß, da wurde auch mir klar, dass ich in Schwierigkeiten steckte. Wir waren hier eingebrochen, ich saß schutzlos und nachts in einem ehemaligen Puff.

Jetzt hörte ich verzerrt, als wäre es eine zu langsam eingestellte Schallplatte, Schritte und Stimmen von Männern – von wie vielen, konnte ich nicht sagen. Was würden sie mit mir machen, wenn sie mich so fanden? Während ich versuchte, mich zu bewegen, mich wenigstens wieder anzuziehen, hatte Florian einen Haken am Fensterbrett befestigt und sich angeseilt. Was hatte er vor? Er dachte hoffentlich nicht im Ernst, dass ich ihm nachkletterte, er wusste doch, wie unsportlich ich war. Mit aller Konzentration, die ich mit meinem benebelten Hirn aufbringen konnte, schaffte ich es, meine Klamotten zusammenzuraffen, die Schritte und Stimmen wurden lauter, offenbar waren die Männer in der großen Halle angelangt. Panisch sah ich zu Florian, der wild winkte, aber ich hatte keine Ahnung, was er wollte. Er ruderte mit den Armen und zeigte immer wieder zur Wand. Ich verstand nicht. »Was?« Dann zischte ich so leise, wie es ging: »Komm rein!«

Das war ja wohl das Mindeste, dass wir das hier gemeinsam ausbaden würden. Ich bin kein Prinzesschen auf der Erbse und erwarte nicht, dass ein Mann für mich Drachen tötet, aber mich in dieser Situation alleinzulassen war das Allerletzte. Wenn es der Wachschutz war, mussten wir beide für den Einbruch geradestehen. Und wenn es Drogensüchtige, Obdachlose oder Freaks waren, falls sie aggressiv würden, hätte ich keine Chance. Ich hatte wirklich Angst, ich hätte mich fast eingenässt vor Panik.

Florian beugte sich ins Zimmer und hauchte mehr, als zu flüstern: »Versteck dich hinterm Sofa! Die gehen gleich wieder. Mach schon.«

Ich kroch, so schnell und leise ich konnte, in den schmalen Spalt zwischen Sofa und Wand.

Im Kopf ging ich die nächsten Minuten durch. Auf der einen Seite verschwamm vor mir alles, die Wände bogen sich wie in einem gewölbten Glas, auf der anderen Seite war ich völlig klar, irgendeine Abteilung meines Verstands war noch wach und sagte mir einige Dinge: Wenn die Männer einen Platz zum Schlafen oder Fixen suchten, würden sie natürlich dieses Zimmer nehmen, und dann würden sie mich bald entdecken, wie ich nackt hinter dem Sofa kauerte und so schwitzte vor Angst, dass es mir den Rücken heruntertropfte. Wenn sie vom Wachschutz waren, würden sie unsere Fußspuren auf dem staubigen Boden sehen, die sie direkt zu mir führten. Dann würde ich neben der Demütigung mindestens noch einen Riesenärger kriegen, wahrscheinlich eine Anzeige. Außerdem: Nur weil sie für eine Sicherheitsfirma arbeiteten, hieß das ja nicht, dass sie keine Perversen waren und die Situation nicht ausnutzen würden.

Eine Tür quietschte, offenbar waren sie auf der Treppe zum Schwimmbad.

Zu meiner Angst kam jetzt auch Wut.

»Steig sofort wieder rein«, flüsterte ich Florian zu, »sofort! Du kannst mich mit denen nicht allein lassen!«

Er schüttelte den Kopf.

»Die werden uns nicht finden. Ich klemm hier draußen auf dem Sims, und dich sieht hinter dem Sofa niemand.«

Da kam mir ein neuer Gedanke, der noch schlimmer war.

»Und falls die bewaffnet sind? Die knallen mich ab, wenn ich sie erschrecke. Komm rein, und wir erklären denen, was wir hier machen. Alles andere wäre Wahnsinn.«

»Du bist hysterisch. Reg dich ab. In ein paar Minuten ist alles vorbei.«

Ich wühlte nach meiner Legging und versuchte mich anzuziehen, schaffte es aber nicht, weil ich so zitterte. Die Schritte wurden lauter. Sie kamen die Treppe hoch. Mein Herz hämmerte bis zum Hals. Sie. Würden. Mich. Kriegen.

Ich machte mich noch kleiner hinter dem Sofa. Von Florian war nichts mehr zu sehen und zu hören. Ein Lichtkegel glitt durchs Zimmer, er huschte über die Wände und über den Boden und auf mich zu. Noch zwei Meter, und er würde meinen Rücken streifen, der eine Handbreit hinter dem Sofa herausschaute. Um ganz dahinter zu verschwinden, hätte ich es weiter von der Wand rücken müssen, aber das hätte man unten gehört, also hockte ich, an die Wand gepresst, da und wagte nicht zu atmen. Es waren zwei Männer.

»Nix los im Puff«, sagte der eine, »kein Geisterfick.«

Der andere lachte meckernd.

»Haste gedacht, hier tut sich noch was? Zombiebräute? Die beißen dir höchstens die Eier ab.«

»Ich hab wenigstens welche, du Pussy«, grunzte der Erste, und beide gingen weiter.

Ganz langsam, so langsam, dass ich dachte, meine Lungenbläschen würden platzen, atmete ich aus und ebenso quälend langsam wieder ein, damit sie mich nicht keuchen hörten.

Meine Füße waren eingeschlafen, und ich saß verkrampft da, schon jetzt taten mir alle Muskeln weh. Ich wagte nicht, das Gewicht zu verlagern oder mich zu bewegen, bevor sie wirklich weg waren. Die beiden Männer schritten alle Zimmer ab und unterhielten sich weiter über Zombie- oder Pornofilme, das ließ sich bei ihnen schlecht unterscheiden. Obwohl ich kaum mehr wusste, wo oben und unten war, eines wusste ich in dem Moment schon genau: Florian war für mich gestorben. Gegen diese Aktion war die Stunde in meinem Dielenkabuff, an der er vielleicht, wahrscheinlich, ganz sicher die Schuld trug, gar nichts, und diesmal stand es auch außer Frage, was passiert war. Er würde sich nicht mehr rausreden können.

Die Männer stiegen die Treppe herunter, immer noch feixend und sich gegenseitig beschimpfend. Dann quietschte die Haustür, und ich hörte, wie auf dem Parkplatz ein Motor aufheulte.

Ich heulte jetzt auch. Rotz und Wasser schniefend, rappelte ich mich hoch, sortierte meine Knochen, so gut es ging, versuchte, meinen Kopf freizukriegen und mich irgendwie anzuziehen. Das Fenster schwang auf, Florian stieg gut gelaunt ein und nahm mich in den Arm.

Beruhigend strich er mir übers Haar und flüsterte auf mich ein.

»Schhhh, Ilsebill, alles gut, es ist alles gut gegangen, nur der Wachschutz. Du warst ganz sicher, ich wäre sofort reingesprungen, wenn es Ärger gegeben hätte. Alles gut, komm wieder runter.«

Da stieß ich ihn hart weg, holte Luft und schrie ihn so laut und schrill an, dass ich meine Stimme selbst nicht erkannte. Ich keifte und brüllte, bis mich ein harter Schlag auf der Wange traf. Mein Kopf schleuderte zur Seite, und meine Knie, die ohnehin wacklig und weich wie Schaumstoff waren, gaben nach, und ich fiel zur Seite. Er fing mich auf, zog mich wieder in seine Arme und hielt mich fest.

»Süße, was ist los mit dir? Ich bin doch hier! Niemand tut dir was. Du bist ja gar nicht bei dir. Ilsebill, alles vorbei, beruhige dich, schhhhh.«

Er wiegte mich hin und her, und ich gab meinen Widerstand auf und ließ mich aufs Sofa setzen. Er kniete sich vor mir hin und zog mir Schuhe und Pullover an. In den Rest fummelte ich mich irgendwie selbst hinein.

»Das kann beängstigend sein, wenn man das noch nie erlebt hat«, plauderte er, »ich bin dem Wachschutz schon öfter begegnet, aber die sind auch froh, wenn sie keine Irren finden. Die hätten dir höchstens eine Verwarnung verpasst, vielleicht ein Ordnungsgeld. Die dürfen dich nicht mal verhaften. Mir war nicht klar, dass du panisch reagieren würdest, du machst doch sonst immer einen coolen Eindruck, und jetzt? Ilsebill, du heulst hier wie ein kleines Mädchen. Ich kenn dich so gar nicht.«

Er hielt meine Taille umfasst, während wir runtergingen, und half mir, aus dem Fenster zu steigen, durch das wir reingekommen waren. Im Auto setzte er mich auf den Beifahrersitz und schnallte mich an. Ich war plötzlich bleischwer und konnte gegen diese Müdigkeit auch nicht ankämpfen. Als mir die Augen schon fast zugefallen waren, bemerkte ich im Ablagefach zwischen den Sitzen Florians Zuckerdrink, in dem noch ein Schluck vor sich hin schwappte, obwohl er sonst nie genug davon kriegen konnte und das Zeug immer gierig bis auf den letzten Tropfen austrank. Und daneben funkelte etwas. Ich blinzelte, das Bild verschwamm vor meinen Augen, aber ich wusste doch, was es war: ein kleines Medizinfläschchen aus braunem Glas. Ohne Aufdruck. Was das bedeutete und ob es wirklich bedeutete, dass Florian mir eine Droge in seine Zuckerbombe gemischt hatte, konnte ich in meinem Zustand nicht entscheiden, die Müdigkeit war einfach zu lähmend. Das ergab alles keinen Sinn. Bevor ich einschlief, sah ich noch, dass ich meine Legging auf links gedreht und mit dem Etikett nach vorn angezogen hatte.

Auf dem Platz:
Genickhang

Es gibt drei Anzeichen dafür, dass ich verrückt werde.

Erstens: Mir ist unglaublich heiß. Es müssen locker vierzig Grad sein, aber niemand außer mir scheint das zu bemerken.

Zweitens: Ich habe Halluzinationen. Nicht mehr nur Albträume und Visionen im Halbschlaf, sondern Hallus vom Feinsten.

Drittens: Verfolgungswahn. Alle um mich herum stecken unter einer Decke. Nur mir sagt niemand, was hier vorgeht.

Von vorn.

Ich glühe. Die Sonne wird mit jeder Stunde greller. Die Artisten und Zeltarbeiter tragen zwar draußen auch dunkle Brillen und haben kaum etwas an, wenn sie über den Platz gehen, aber sie kreuchen nicht so herum wie ich. Ich trinke die ganze Zeit und fühle mich trotzdem völlig ausgetrocknet. Mein Gehirn verkocht

Die Halluzinationen haben angefangen, als die Patronessa mir Mara auf der Überwachungskamera gezeigt hat. Ich bin direkt in die Manege gerannt, aber dort war niemand. Wumme hat mich dann weggebracht. Er sagte, ich sei durcheinander und das könne er auch verstehen, außerdem sei er immer für mich da und ich würde mit der Zeit alles verstehen.

»Niemand hier ist gegen dich«, flüsterte er, als er mich festhielt, »dem Jungen habe ich nichts getan, er wollte gehen, also ist er gegangen. Glaub mir, alle wollen, dass es dir gut geht. Du vermisst doch nichts in der Stadt. Es ist nur zu deinem Besten.«

Er wollte, dass ich bei ihm übernachte, aber ich traue ihm nicht mehr. Er hat mich dann dem Bungee-Paar übergeben, anders kann man das nicht nennen. Sie haben in ihrem Wagen den Tisch an die Wand geklappt, ihr Schlafsofa ausgezogen und mich zwischen sich schlafen lassen. Frühmorgens fühlte ich den harten Schwanz des Bungeespringers an meinem Hintern, und seine Frau schmiegte sich schlaftrunken an mich und streichelte meine Musch, sie sagte das so, sie fasste zwischen meine Beine und flüsterte immer wieder »kleine schöne Musch«. Ich ließ zu, dass er sich ein Kondom überzog und mich fickte und seine Frau sich an mir rieb, obwohl ich den Eindruck hatte, sie trieben es eigentlich miteinander, und ich war bloß dazwischengeraten. Doch es fühlte sich gut an, und ich streichelte ihr die Möse, damit sie auch auf ihre Kosten kam. Irgendwie war ich froh, nicht allein zu sein, aber ich vergaß keinen Moment, dass sie nicht nur meine Fickbuddys, sondern vor allem meine Bewachung waren.

Als wir schließlich schweißnass dalagen, fiel mir der seltsame Geruch der Bettwäsche auf. Blumig, pudrig, feines Sandelholz: Maras Parfum. Ich würde es unter Hunderten wiedererkennen. Alle ihre Kleidungsstücke riechen danach, auch ihre ganze Wohnung. Der Duft umgibt sie wie eine florale Mary-Poppins-Wolke.

Ich versuchte, ruhig zu bleiben, mich nicht darüber aufzuregen, denn ich denke ja selbst langsam, dass ich einfach einen Knall habe. Die Fragen aber konnte ich nicht abstellen. Wie sollte es möglich gewesen sein, Mara auf dieser Videoübertragung zu sehen? Den Film kann niemand gefälscht haben, denn niemand hier kennt sie. Es ist auch völlig irrsinnig zu glauben, Mara käme her. Wir haben seit Ewigkeiten nicht miteinander gesprochen, ich weiß gar nicht mehr, wann ich sie das letzte Mal getroffen habe. Hab ich ihr überhaupt erzählt, dass ich hier bei der Show bin? Keine Ahnung.

Bei der Vorstellung eben stand ich neben dem Koordinator, der die Anweisungen für die Beleuchter gibt. Wumme hatte sich wie neuerdings immer ein paar Schritte von mir entfernt positioniert und ließ mich nicht aus den Augen. Ich bemerkte, dass ein Spot in der Trapeznummer falsch ausgerichtet war. Also tippte ich den Techniker an und zeigte nach oben, aber er reagierte nicht, er lehnte nur an der Chapiteauwand und starrte ins Leere. Ich nahm ihm das Headset ab und setzte es mir auf. Und da hörte ich ihre Stimme, Maras Stimme, aus dem Kopfhörer des Beleuchterkoordinators. Sie sagte immer wieder meinen Namen. Billy. Nur den. Billy, Billy, Billy, Billy. Wie Nadelstiche direkt in mein kochendes Hirn. Vielleicht sollte ich mir mal ein Aluhütchen basteln angesichts der Paranoia, die gerade bei mir ausbricht. Ich riss mir das Gerät runter und rannte nach draußen, wo die Nachtluft immer noch unerträglich schwül und flirrend vor Hitze war.

Eine Weile stand ich einfach keuchend da, und als ich zu meinem alten Postwagen gehen wollte, konnte ich mich plötzlich nicht mehr bewegen. Ich hörte diesen unglaublich brüllenden Lärm aus meinem Albtraum, kniff die Augen zusammen gegen das gleißende Licht, denn irgendetwas raste auf mich zu und warf mich mit solcher Macht um, dass ich zu Boden geschleudert wurde. Ich war ganz sicher, dass es meinen Kopf erwischt hatte, ich konnte doch fühlen, wie es laut zwischen meinen Ohren knackte, aber als ich mich Ewigkeiten später aufrappelte, Wumme mich vom Boden hochzog und ich mir durch die Haare fuhr, war alles in Ordnung. Kein Bruch, kein Blut. Im Chapiteau spielte die Band die letzten Takte des Trapez-Songs, es konnten also nur wenige Minuten vergangen sein. Er sah ehrlich besorgt aus, aber ich ertrage es nicht, so bedrängt zu werden. Mag sein, dass er es letztlich gut meint, aber er soll aufhören, wie ein Schatten um mich herum zu sein.

Dass er mich dauernd beobachtet, mildert meinen Verfolgungswahn nicht gerade. Ich bin ganz sicher, dass ich hier nie wieder wegkommen werde. Was immer auch die Patronessa für eine Show führt und was immer auch Wumme damit zu tun hat, sie lassen mich nicht fliehen. Vielleicht habe ich zu viel gesehen, als der junge Mann in den Wald gebracht wurde. Auf der anderen Seite bräuchte ich ja nur während einer Vorstellung in den Zuschauerraum zu gehen und mit der Menge nach der Show das Chapiteau zu verlassen, irgendjemand würde mich sicher mit in die Stadt nehmen. Draußen auf dem Parkplatz stehen um diese Uhrzeit auch immer Taxen. Die Patronessa würde es nicht wagen, mich vor dem Publikum festzuhalten. Wieso tue ich das nicht? Bilde ich mir das alles nur ein? Und was ist mit diesem zutiefst verstörenden Gefühl, dass ich gar nicht nach Hause will? Die Lösung, da bin ich mir inzwischen sicher, liegt bei den Artisten, und zwar bei den unglücklichen. Manche sind seit Jahren in der Show, die müssen wissen, was hier vorgeht.

Ich klopfte mir den Staub von den Beinen und machte mich auf den Weg zu dem kleinen Platz hinter dem Wagen der italienischen Motocrosstruppe, dorthin, wo sich die Mitarbeiter treffen. Und diesmal ließ ich mich nicht abwimmeln.

»Hallo, ich bin Billy«, sage ich, obwohl mich ja alle schon mal gesehen haben, »ich arbeite bei der Requisite.«

Mein Magazin, »Eros to go« und den Reportage-Auftrag erwähne ich nicht, ich fühle mich schon lange nicht mehr wie eine Journalistin, das war ein früheres Leben, mit mir hat das nichts weiter zu tun. Die Handvoll Artistinnen und Zeltarbeiter, die im Kreis sitzen, spüren das wohl, denn einer stellt mir einen Gartenstuhl dazu, und ich setze mich.

Wumme bleibt einige Meter entfernt stehen und sieht traurig aus, als er sich eine Zigarette dreht.

»Hast du deinen Vertrag dabei? Auf Pergament?«

Ich schüttle den Kopf.

»Den kriegst du bei der Patronessa, wenn es so weit ist und du dir sicher bist. Dann kannst du sie danach fragen.«

»Sicher womit?«

Obwohl es so unfassbar heiß ist, haben sie in der Mitte wieder das Feuer entzündet.

»Ob du hierbleiben willst.«

Ich nicke, als wäre jetzt alles klar. Eine Trapezartistin, die noch ihr Kostüm trägt und ihre Gasmaske auf dem Schoß hält, fängt an.

»Dieser Mann, der in der Wohnung nebenan wohnte, hat mich belästigt.«

Sie zieht die Knie hoch und umschlingt ihre Beine.

»Immer wieder wurde er zudringlich. Ich bin nicht zur Polizei gegangen, denn die unternimmt ja eh nichts. Ich hatte Angst vor ihm. Dann ist auf dem Spielplatz gegenüber ein Kind verschwunden. Ich hab ausgesagt, dass ich ihn mit dem Kind gesehen habe an dem Tag. Auf der Kellertreppe. Er wurde abgeholt, und weil er hackendicht war, kam er erst in eine Ausnüchterungszelle. Und da hat er sich erhängt.«

Ihr Gesicht sieht trotzig aus, eine Träne läuft ihr durch das dicke Show-Make-up und lässt eine Schliere zurück.

»Aber ich hatte keine Wahl. Er hätte mir sicher was getan. Dass es so ausgehen würde, konnte ich nicht ahnen.«

Die anderen nicken.

Noch ein anderer, den ich aus den Foodtrucks kenne, wo er, in Rauchschwaden gehüllt, alles grillt, was zwischen zwei Brötchenhälften passt, erzählt seine Geschichte. Er war beim Skifahren eine schwarze Piste runtergebrettert wie schon zigfach zuvor, aber diesmal hatte er seine neue Freundin dabei.

»Sie hat gesagt, sie fährt wie eine Weltmeisterin. Gut, den Eindruck hatte ich am normalen Hang nicht unbedingt, aber sie musste doch wissen, ob sie sich das zutraut oder nicht. Gezwungen oder aufgestachelt hab ich sie jedenfalls nicht.«

Er stockt, dann schlägt er sich die Faust mit voller Wucht auf die Brust.

»Ach scheiße, natürlich hab ich gewusst, dass die schwarze Strecke zu schwierig für sie war, ich wollte halt angeben vor ihr. Und ich dachte, selbst wenn sie stürzt, ich bin ja dabei und kann den Retter spielen. Ich hätte das nie zulassen dürfen. Jetzt liegt sie in einem Heim und hat einen Hirnschaden, und ich hab sie nie besucht. Ich bin stattdessen hierher geflüchtet. Aber damit ist jetzt Schluss.«

Er zieht ein zerknülltes Pergament aus der Hosentasche, faltet es auseinander, als wollte er seinen Vertrag noch einmal lesen. Die anderen beginnen sich murmelnd gegen die Brust zu schlagen, »einer von uns, einer von uns«, und während das Murmeln und das Klopfen schneller wird, wirft er den Bogen ins Feuer und verlässt die Runde.

Die anderen bleiben schweigend zurück.

»Was ist jetzt mit ihm?«, flüstere ich der Trapezartistin zu.

Sie zuckt mit den Schultern und nestelt an den Verschlüssen der Gasmaske herum.

»Er geht zur Patronessa und kündigt. Morgen übernimmt dann jemand von uns den Foodtruck, bis wir einen neuen Griller haben.«

»Einfach so?«

Sie steht auf und streckt sich.

»Na klar. Ist ja seine Entscheidung. Man muss nur in sich hineinsehen und wissen, was man will. Und wenn man alles bedacht hat, geht man oder bleibt.«

Auch die anderen stehen auf, einer löscht das Feuer. Die Gruppe zerstreut sich. Ich bleibe ratlos zurück und sitze einfach da, bis mich ein Mädchen am Ärmel zupft.

»Schläfst du nicht bei Wumme heute Nacht?«

Ich vermeide es, ihn anzusehen, und schüttle den Kopf.

»Da mag ich nicht mehr hin.«

»Willst du mit zu mir kommen?«

Ich sehe sie überrascht an und erkenne jetzt erst, dass es Lu-Ann, die Kunstspringerin vom Feuertrampolin, ist. Ohne Kostüm und Ruß im Gesicht wirkt sie viel jünger.

»Es ist nicht gut, allein zu sein, wenn man Angst hat und nicht weiß, wie man sich entscheiden soll.«

Ich verstehe zwar nicht, was sie damit meint, aber mit dem Alleinsein hat sie auf jeden Fall recht. Ich gehe also mit ihr.

Je näher ich einem anderen Körper bin, umso weniger höre ich mich selbst denken. Das ist gut, denn ich ahne, dass es mir nicht gefallen wird, wenn ich wirklich nachdenke, über mich, über die Stadt, wieso ich hergekommen bin und wieso ich nicht zurückwill. Oder vielleicht doch. Bloß keine Bilder im Kopf aufsteigen lassen, nur Haut spüren und alle Fragen vergessen. Mein altes »Fuck the pain away« eben. Im Radio läuft »Je ne regrette rien«, aber nicht von Edith Piaf, sondern von einer ganz weichen, dunklen, rauchigen Stimme, die mich weich und wolkig umfängt. Eine Stimme wie grüner Samt. Obwohl ich mich nicht erinnern kann, wann ich Mara mal singen gehört habe, weiß ich direkt, dass es ihre Stimme ist. Und ich weiß, dass ich zurück zu ihr will, aber das ist der letzte Gedanke, den ich zulasse. Sex ist etwas, woran ich zutiefst glaube. Sex erdet mich, stellt mich wieder auf die Füße und bläst den Kopf durch. »Schlaf drüber« ist ein Rat, der auch stimmt, nach meiner Erfahrung funktioniert »Vögel drüber« aber noch sehr viel besser. Alle hier scheinen das genauso zu empfinden, anders ist es nicht zu erklären, dass auf dem Platz manisch jeder mit jedem rummacht.

Wir ziehen uns aus und legen uns auf ihr Luftkissenbett, das schwankt, als wir uns bewegen. Lu-Anns Haut ist kühl, während meine so glüht, als hätte ich mir einen Sonnenbrand eingefangen. Zu sehen ist nichts, diese Höllenhitze kommt aus meinem Inneren. Sie nimmt mich in die Arme und presst ihren Körper an meinen, um mich abzukühlen. Und tatsächlich wirkt es, langsam scheint die Temperatur zu sinken, ich dampfe nicht mehr so aus allen Poren und werde insgesamt ruhiger. Wo immer sie mich mit ihren harten Händen anfasst, entspanne ich mich.

»Du solltest hierbleiben«, flüstert sie mir ins Ohr. »Es ist nicht schlecht hier. Du könntest eine Nummer einstudieren. Die Foodtrucks kochen gut. Und es gibt immer Sex. Wir bleiben fit und jung.«

Sie lacht und rollt sich über mich. Rittlings sitzt sie auf mir und massiert kreisend meine Brüste. Ich rekle mich unter ihr und genieße es, wenn ihre rauen Handflächen über meine Nippel kreisen. Aus einer Tube drückt sie ein Gel auf meine Muschi und verreibt es auch in ihrer. Lu-Ann hat ein ganz kleines, schmales, haarloses Pfläumchen. Sie langt hinter sich, zieht die Schublade der Küchenzeile auf und holt einen langen giftgrünen Doppeldildo heraus, der an beiden Enden eine angedeutete Eichel hat. Sie hält ihn über mein Gesicht und wackelt kichernd damit. Der Silikondödel schlenkert wie eine dicke Peitsche. Ich muss lachen.

»Aliensex. Hatte ich noch nie.«

Sie steigt von mir ab, spreizt meine Beine und kniet sich zwischen meine Oberschenkel.

»Dann werde ich jetzt mal vordringen in dunkle Galaxien, die nie ein Mensch zuvor gesehen hat.«

Ich zeige schwungvoll mit dem Finger auf sie.

»Energie!«

Vorsichtig führt sie mir den Alienpenis ein, dann hebt sie ihr Becken und steckt sich das andere Ende in die Muschi. Langsam senkt sie sich wieder auf mich, bis unsere Mösen sich berühren. Beide sind glitschig vom Gel und schmatzen leise, wenn sie sich aufeinander bewegen wie zwei nasse salzige Austern. Sie kreist, beugt sich tiefer, sodass sie mich fest umarmt und ich meine Beine um sie schließe. Es ist weniger ein Stoßen, eher ein Schlingern, mal mit mehr und mal mit weniger Druck. Immer wenn ihr Kitzler über meinen rutscht, durchfährt mich ein Zucken, und ich stöhne auf. Ihre Bewegungen werden ruckartiger und schneller. Ich greife zwischen unsere Körper, dahin, wo es heiß und flutschig vor Gel und Mösensaft ist. Meine Finger reiben meinen Kitzler, und ihrer gleitet bei jedem Stoß über meine Fingerknöchel. Ich komme zuerst, es ist kein plötzlicher Klippensprung, sondern ein langsames Heranrollen, und als es geschieht, zieht sich mein ganzer Unterleib zusammen, ich fühle den Orgasmus bis in die Haarspitzen. Sie atmet tiefer und bewegt sich weiter auf mir, ihr Mund ist geöffnet, und ich presse meine Hand gegen ihre Möse, damit es so geil wie nur möglich für sie ist. Dann bäumt sie sich auf, biegt sich nach hinten und bleibt erstarrt in dieser Pose. Vorsichtig, um sie nicht zu stören, nehme ich die Hand zwischen unseren Mösen weg und streichle ihren Bauch mit einer trockenen und einer mösennassen Hand. Langsam kommt sie zu mir zurück und sieht mich mit tiefschwarzen Augen an. Und ich frage mich, ob ich wirklich etwas anderes will als das hier.

Ich habe einen dicken Kloß im Hals und weiß plötzlich, dass da noch anderes kommen wird als nur ein paar Sinnestäuschungen. Eine Weile hatte ich Mara ganz vergessen, aber jetzt muss ich dauernd an sie denken. Auch das Magazin fällt mir wieder ein. Die Erpressung des Hausmeisters, das karrieregeile Engelchen, meine Abmahnung. Ich sehe meine Wohnung vor mir, ich schmecke Jaffakekse auf der Zunge. Aber außer Biscuit, Orangenfüllung und Bitterschokolade ist da noch etwas anderes, Metallisches. Ich brauche einen Moment, bis ich begreife, dass ich Blut schmecke. So schnell, dass ich mich nicht wegdrehen oder auch nur bewegen kann, sehe ich wieder die hellen Scheinwerfer, die mich blenden, spüre den unglaublichen Stoß, der mich zerschmettert, höre das dröhnende Tuten. Ich klammere mich an Lu-Ann, die sich immer noch kühl und beruhigend anfühlt. Und da ist eine dritte Hand, die meinen Hinterkopf streichelt, ich öffne zögernd die Augen. Wumme ist hereingekommen, steht neben dem Bett und sieht mich traurig an.

»Ich hatte gehofft, es würde nicht so weit kommen. Nicht so schnell jedenfalls. Du hättest die Zeit hier auch einfach genießen können.«

Die Trampolinspringerin rutscht von mir runter und zieht sanft den Dildo aus meiner und ihrer Möse.

Wumme reicht mir meine Shorts und das T-Shirt und wartet an der Tür, bis ich angezogen bin.

»Na komm«, sagt er und küsst mir die Stirn.

»Es ist Zeit. Du musst dich jetzt entscheiden, ob du bei uns bleibst oder ob du zurückgehst.«

In der Stadt: einen Tag vorher

Nachdem wir im Abbruchhaus gewesen waren, machte ich mit Florian Schluss. Allerdings nicht in derselben Nacht. Das lag einfach daran, dass ich so gut wie bewusstlos war und kaum selbst gehen, geschweige denn ein Beziehungsgespräch führen konnte. Also ließ ich zu, dass Florian mich in meine Wohnung brachte, wobei er mich mehr trug als stützte, und mich dort ins Bett legte. Ich murmelte immer wieder, er solle verschwinden, bis er es endlich tat. Der nächste Tag war glücklicherweise ein Samstag, ich musste mich also nicht in der Redaktion abmelden. Vor der Dorfmatratzen-Aktion blieben mir noch ein paar Stunden Zeit, also kochte ich mir eine große Kanne Kaffee und dachte nach. Ganz sicher hatte Florian in den Zuckerdrink auf dem Parkplatz irgendwas reingeschüttet. Vielleicht war es für ihn ein besonderer Kick, seine Freundin unter Drogen zu setzen, vielleicht hatte er auch geplant, dass wir erwischt würden, und wollte, dass ich Angst hatte. Ich rief Mara an und bat sie vorbeizukommen. Keine halbe Stunde später stand sie mit einer Tüte Brötchen und – natürlich – Jaffakeksen in der Tür. Auf ihrem Kopf saß schräg ein Hütchen mit Blumen, und ihr blaues Samtcape war feucht vom Sprühregen, als sie mich fest in die Arme nahm.

Wir setzten uns in die Küche, sie hörte sich meine Geschichte an und sah schließlich auf die Uhr.

»Zu spät für einen Bluttest. Wenn er dir was gegeben hat, ist das jetzt nicht mehr nachweisbar.«

»Was meinst du mit ›wenn‹?«

Sie druckste herum. Schließlich erzählte sie es mir.

»Ich habe Florian getroffen, an der Bushaltestelle. Er fragte mich, ob ich zu dir gehe und ob er mitkommen dürfe, er würde sich Sorgen machen. Ich weiß nicht, wieso, aber ich hab ihm das strikt verboten, weil du am Telefon so außer dir warst.«

Ich schnaufte. »Sehr gut.«

»Er hat mir die Sache in dem Abbruchhaus etwas anders erzählt.«

Sie nestelte an der großen Schleife, mit der ihre Bluse unterm Hals zusammengebunden war. Auf ihren rundlichen Puppenwangen breitete sich ein rötlicher Hauch aus.

»Er hat gesagt, dass du schon bedröhnt warst, als ihr euch am Parkplatz getroffen habt, und dass er überlegt hat, ob er das in dem Zustand mit dir überhaupt durchziehen sollte. Er hätte dir eine Koffeinkomprette angeboten und was Süßes zu trinken gegeben, damit du fit wirst.«

»Das gibt's doch gar nicht!«

Ich stand so heftig auf, dass der Küchenstuhl fast umfiel, und ging hektisch in meiner kleinen Küche hin und her. Mara hielt mich am Handgelenk fest, zog mich wieder zum Tisch und reichte mir einen Jaffakeks. Ich fing an, die Schokoladenglasur abzuknibbeln.

»Das weiß ich, Süße. Mensch, Billy, ich bin doch nicht bescheuert, ich weiß, dass du nichts Hartes nimmst, und ich weiß, dass mit diesem Florian irgendwas Schräges vor sich geht. Wieso, glaubst du, hatte ich neulich einen Artikel über Gaslighting auf dem Laptop, als du bei mir warst? Ich wollte nur, dass du selber draufkommst.«

Sie fegte die Schokoladenkrümel zu einem Häufchen zusammen, feuchtete einen Finger an und dippte ihn hinein. Genüsslich leckte sie die Schokolade vom Finger.

»Er hat gesagt, er macht sich Sorgen, du könntest schon länger labil sein, und er behauptet, dass du in dem Abbruchhaus völlig ausgerastet bist. Er hätte alles unter Kontrolle gehabt, und niemand hätte dich finden können.«

»Er hat mich nackt hinter einem Sofa sitzen lassen, während ich nicht wusste, ob ich gleich vergewaltigt oder erschossen werde!«

Sie nickte.

»Ja, aber er sagt, er hätte sich gar nicht neben dich hocken können, weil viel zu wenig Platz hinter dem Sofa war. Und weil es sonst keine Möbel gab, blieb nur eine einzige Möglichkeit: dich zu verstecken und sich selbst aus dem Fenster zu schwingen.«

Sie schnaubte.

»Der glaubt echt, er ist ein Ninja Turtle.«

Gegen meinen Willen musste ich grinsen.

»Die wurden zu Superhelden, als man sie im Klo runtergespült hat, oder? Jedenfalls hab ich das mit Florian auch vor.«

Mara wartete ab und sah mich gespannt an.

»Ich trenn mich. Also, getrennt bin ich schon, was mich angeht, aber mitteilen werde ich es ihm noch.«

»Sieh dich vor, Schatz. Er wird das nicht so einfach hinnehmen. Ist nur so ein Gefühl, aber der und Herpes haben was gemeinsam: kommt immer wieder, kann ganz schön wehtun und kann vor allem auch gefährlich werden.«

Meine kluge schöne Mara hatte ja keine Ahnung, wie richtig sie lag.

Es war nicht die feine englische Art, aber ich fand, Florian und ich waren über Höflichkeiten hinweg. Ich schickte ihm eine SMS.

Florian. Es ist aus, ich will nicht mehr mit dir zusammen sein. Diskussion zwecklos. Ruf nicht an, mail nicht, komm nicht vorbei. Sybille.

Ich fand das unmissverständlich und machte mich auf zur Dorfmatratze. Florian fand meine Nachricht nicht unmissverständlich. Er rief zwar nicht an, mailte nicht und kam nicht vorbei, aber er steckte mir Zettel in den Briefkasten, noch am selben Tag, als ich unterwegs war. Er musste beobachtet haben, wie ich mit Mara zusammen das Haus verließ.

An meiner Türklinke war ein weißer Luftballon angebunden, auf dem »Peace« stand.

Am nächsten Tag, einem Sonntag, bekam ich eine Lieferung Blumen. Und Montagfrüh lag wieder ein Umschlag im Kasten, diesmal ein langer Brief, mit einer altmodischen Schreibmaschine getippt. Er schrieb mir, das sei nur ein Irrtum, er habe ja keine Ahnung gehabt, wie sehr mich die Situation verängstigt habe, aber es sei ja trotzdem seine Schuld, er hätte merken müssen, dass mit mir was nicht stimmte. Er sei mit einer Paarberatung und allem einverstanden. Und so weiter.

Dann kam sein Besuch, der in diesem bescheuerten, unglaublich falschen Abschiedsfick endete.

Kurz danach dachte ich noch, das sei eine gute Idee gewesen, jetzt hätte er sich gebührend von mir verabschieden können, und er müsste ja auch gefühlt haben, dass es zwischen uns wirklich vorbei war.

Ich ging also relativ gut gelaunt in die Redaktion, wo ich wieder mal vom Chef zusammengefaltet wurde. Dessen speichelsprühendes Geschrei ließ ich an mir abperlen wie eine unangenehme Dusche und versuchte, die Sticheleien und Beleidigungen gar nicht wahrzunehmen, sondern nur die Fakten. Die allerdings sprachen tatsächlich gegen mich. Ich hatte meine Artikel über das »Schlaflos mit Sybille«-Weekend viel zu spät abgegeben, ganz knapp war es in der Druckerei geworden. Und das Gelbe vom Ei waren die Texte nicht, solide bestenfalls, doch die Auflage steigern würden sie nicht. Das stimmte zwar, hatte andererseits auch seine Gründe. Das Dorfmatratzen-Festival war wegen Regens praktisch ausgefallen, die Matratzen lagen zwar auf dem Marktplatz, aber auf den Matratzen keine liebeshungrigen, paarungswilligen Menschen. Bei »Heiß auf Rädern« waren die Dominas schlechter Stimmung, weil morgens einer ihrer Lieblingskunden einen Herzinfarkt bekommen hatte. Der Cock-Candy-Kurs war nett, aber letztendlich schmolzen sie nur Schokolade und gossen sie in penisförmige Förmchen, einige Teilnehmer hatten sogar ihre Kinder dabei. Nebenan im Fotzenforum nähten sie zwar begeistert Plüschvaginas, die sahen aber überhaupt nicht nach Mösen aus, und zwei Leiterinnen kriegten sich in die Wolle bei der Frage, wie groß man die Klitoris nähen solle, was die eine schroff mit »Keine Pimmel in meinem Kurs« beendete. Auf der Kuschelmuschel-Party belästigte mich ein sehr nach Schweiß riechender Mann im Pollunder, der mir zweimal an die Brüste griff, woraufhin ich ihm »aus Versehen« mit dem Stiletto auf den Fuß trat. In der Klit's Kitchen kochten sie mit Auberginen, die ich hasse wie die Pest. Und beim Vortrag über das Sex-Sabattical stellte ich nur fest, dass ich genau das wollte: raus, weg, mal was anderes. Ich hatte mich bemüht, die Artikel trotzdem gut gelaunt und sexy klingen zu lassen, aber bemühen reicht halt nicht, also erklärte ich dem Chef das alles nicht, sondern stand nur stumm da und ließ seine Tirade über mich ergehen. Und dann kam der Hammer.

Er baute sich nochmals hinter seinem Schreibtisch auf, um Kraft zu sammeln für sein großes Finale.

»Und die Artikel von Josie, Frollein, da warste dir wohl zu fein für, was? Wir hatten die Abmachung, dass du die korrigierst. Jetzt schau dir das an!«

Er streckte mir das Magazin mit einer aufgeschlagenen Doppelseite entgegen. Überall waren rote Kringel und Anmerkungen zu sehen.

»Für die Rechtschreibung hat's noch gereicht, aber für Stil und Inhalt hattest du keine Kraft mehr, wie? Zu viele Pimmelpralinen gehabt? Den ganzen Tag rufen mich schon Leute an, weil da falsche Infos drinstehen. Dieses Muffing hat Josie offenbar gar nicht verstanden, hier ...«

Er tippte auf einen Absatz, in dem fast alles rot unterstrichen war.

»Ein Unsinn neben dem anderen. Hier sind zwei Sätze, die sie wörtlich aus Wikipedia abgeschrieben hat. Hier macht sie einen Witz über Transen. Ich krieche schon den ganzen Tag vor irgendwelchen Aktivisten auf den Knien rum. Sybille, du hast das echt versaut. Ganz, ganz schlechte Arbeit.«

Er ließ sich schnaufend auf seinen Sessel fallen.

»Josie kann man das nicht vorwerfen, die ist eine Kaulquappe. Aber du? Du bist doch eine erfahrene Journalistin. Mein Gott, was ist denn los mit dir?«

Dass er jetzt fast verständnisvoll wurde, machte es eher noch schlimmer. Ich stammelte etwas von privaten Problemen und dass ich gern eine Auszeit hätte.

Dann schlug ich ihm die Circus-Reportage vor.

Er klopfte mit dem Kuli auf den Tisch, bis ich fertig war. Eine Weile war es still im Raum. Schließlich räusperte er sich.

»Vorschlag zur Güte. Eigentlich wollte ich dich ein zweites Mal abmahnen, und was das bedeutet, weißt du ja.«

Ich nickte und musste hart schlucken. Ich liebte meinen Job zwar gerade nicht wirklich, aber ihn nicht mehr zu haben war beängstigend.

»Wir können die Abmahnung vorläufig aussetzen. Du nimmst dir alle Urlaubstage, die du noch hast, gegebenenfalls unbezahlte hinterher, und du machst diese Circussache. Kommst du wieder mit einer Knaller-Reportage, vergessen wir den Ärger und fangen neu an. Bringst du auch das nicht, bist du raus, und zwar freiwillig. Kündigung ohne Abfindung. Du räumst einfach deinen Schreibtisch. Deal?«

Ich nickte und schlich mich in mein Büro. Auf der Suche nach dem kleinen grünen Ball, den ich immer knete, wenn ich im Stress bin, fand ich in meiner Tasche den langen maschinengeschriebenen Brief von Florian. Ich knüllte ihn zusammen, ein zweites Mal lesen wollte ich das Gesülze jetzt auf gar keinen Fall.

Ich war froh, wenn ich hier rauskam. Eine Sache stand noch an: Josie. Der Chef hatte schon recht gehabt, dass ich für meine Artikel nicht den Pulitzerpreis erhalten würde. Dass ich sie nicht gründlich überarbeiten konnte, hatte aber auch daran gelegen, dass ich mit Josies Beiträgen so viel zu tun gehabt hatte. Denn natürlich waren die über meinen Schreibtisch gegangen. Ich hätte nie so einen geschmacklosen Witz durchgelassen, und natürlich waren mir die falschen Fakten aufgefallen. Ich hatte all das redigiert. Jetzt suchte ich mir Josies Artikel aus dem Redaktionsnetzwerk und verglich sie mit den gedruckten im Blatt. Diese kleine Bitch. Sie hatte meine Rechtschreibkorrektur übernommen und alles andere so gelassen, wie sie es geschrieben hatte. Offenbar hielt sie es für perfekt, oder sie hatte Angst, ich hätte sie verschlimmbessert. So eine dumme, strunzdumme Göre. Wer keine Kritik erträgt und nicht sehen kann, dass der eigene Text schlecht ist, hat in der Schreiberei nichts verloren. Ein Prozent Genie, neunundneunzig Überarbeitung, das tut zwar weh, aber so ist es eben. Sollte ich sie laut zusammenfalten? Die Mühe würde ich mir nicht machen. Ihr Name stand über einem halben Dutzend unsäglicher Artikel, das war Strafe genug. Sollte ich es dem Chef petzen?

Ich rief Mara an, um ihr die neuesten Katastrophen mitzuteilen. Sie schnaubte ein paarmal wütend, klang letztendlich aber erleichtert.

»Sehr gut. Ich finde wirklich, du solltest die Stadt eine Weile verlassen. Ich frag direkt noch mal meinen Kunden vom Dinner-Event, Herrn Bollinger. Der wollte ja eh die Chefin von dieser Inferno-Show ansprechen, das soll er jetzt mal zackig machen. Der sorgt bestimmt dafür, dass du eine Weile mit auf Tournee gehen kannst.«

Ich notierte mir schon mal seine Adresse und das Datum, an dem ich abreisen wollte. Gerade als ich das Gefühl hatte, wieder Herrin der Lage zu sein, kam Josie in mein Büro. Sie erwähnte ihre Artikel mit keinem Wort, sondern überreichte mir nur zuckersüß lächelnd ein Päckchen. »Hat mir auf dem Parkplatz jemand für dich gegeben.«

Im Karton lagen ein Kaktus aus Plüsch und ein Zettel.

Magst du noch so stachlig sein, ich finde dich schöner als tausend Rosen.

Au, das tat ja weh. Kitsch-o-meter gesprengt. Und außerdem war es Schwachsinn, denn auch Rosen hatten Dornen. Wo kauft man so was? Gibt es spezielle Läden für geschmacklich verirrte Ex-Lover? Bestellt man das im Stalking-Versand? Hier zählte nur die Botschaft, die Florian nicht aufgeschrieben hatte: Er lungerte vor meinem Arbeitsplatz herum. Also würde ich heute Abend den Hinterausgang nehmen.

In den nächsten Wochen blieb es nicht einfach bei einem anderen Ausgang. Ich schlief immer wieder bei Mara, weil er vor meinem Haus oder den Garagen wartete. Wenn ich ihn vorn auf der Straße sah, ging ich durch die Keller in den Hof und stieg hinten über den Zaun, sodass ich einen langen Umweg zur S-Bahn machen musste. Manchmal sah ich ihn auf dem Bahnsteig, dann fuhr ich eine Station weiter und lief zu Fuß nach Hause. Wenn ich Pech hatte, war er schneller als ich und lauerte schon. Er gab Kollegen und Verlagsmitarbeitern aus ganz anderen Abteilungen Päckchen und Briefe für mich mit. Mehrmals waren sie wohl absichtlich schlecht oder gar nicht zugeklebt, sodass Dessous, Kondome und Gleitgeltuben herausfielen, worüber sich die Kollegen sehr amüsierten. Er rief bei unserer Sekretärin an und behauptete, ich hätte einen Stripper engagiert, und er wolle nur fragen, wo genau der sich melden solle. Ein anderes Mal schickte er mir eine Todesanzeige mit seinem Namen und ließ einen Trauerredner bei mir im Büro vorbeikommen, der sich Ewigkeiten lang nicht davon überzeugen ließ, dass kein Trauerfall vorlag und ich ihn auch nicht bestellt hatte. Die dritte Riesenpizza, die auf meine Rechnung in die Redaktion geliefert wurde, ließ ich zurückgehen, änderte alle meine Passwörter und sperrte sämtliche Geldkarten. Die ersten beiden Pizzen hatte ich den Kollegen spendiert, um mich für das ganze Chaos zu entschuldigen. Hin und wieder riet mir eine Mitarbeiterin, Florian anzuzeigen, die anderen fanden seine Aktionen eher lustig und nahmen mein persönliches Elend als eine Art Soap, der sie gerne zusahen und deren nächsten Höhepunkt sie erwarteten. Mein Humor starb spätestens, als eine tote Maus in meinem Briefkasten lag. Am nächsten Abend klebte an meiner Wohnungstür ein Tranchiermesser, und auf dem Boden schimmerte eine rote Lache. Ketchup, wie sich herausstellte, aber es war eine Drecksarbeit, das aufzuwischen, von meinem Schreck will ich gar nicht reden. Neben dem Messer klebte ein Post-it: *Damit hast du mein Herz zerschnitten.* Am nächsten Tag hing ein durchsichtiger Plastikbeutel an meiner Türklinke mit einem großen, blutigen Organ, ein Rinder- oder Schweineherz, vermutlich. Das trug ich zur Polizei. Der Beamte schickte mich zum Stalking-Beauftragten weiter, sagte mir aber schon: »Solange Sie kein Messer am Hals haben, können wir da wenig machen.« Sehr hilfreich. Ich konnte nur noch durchschlafen, wenn Mara die Nacht bei mir verbrachte. Dann ging sie morgens als Erste vor die Tür und sondierte die Lage, sah in meinen Briefkasten, suchte die Straße nach Florian ab und sagte mir über Handy Bescheid, falls die Luft rein war. Dass er die Reifen meines Rades zerstochen hatte, konnte ich ihm nicht nachweisen, aber ich schoss Fotos und trug sie zur Polizei. Jeden Brief, der zu Hause oder in der Redaktion ankam, brachte ich dort vorbei, jede Aktion protokollierte ich. Ich hing im Hausflur ein Foto von ihm aus mit der Bitte an alle Nachbarn, diesen Mann nicht hereinzulassen und die Polizei zu rufen, aber es wurde immer wieder abgerissen. Als die Telefonanrufe begannen, ahnte ich schon, dass er sich jetzt aufs Internet konzentrierte, und tatsächlich fand ich einige Sex-Seiten mit meinem Foto und meiner Telefonnummer. Ich sammelte die Screenshots für meinen Stalking-Beamten, und er versprach, sich darum zu kümmern, riet mir aber auch, vielleicht erst mal in Urlaub zu fahren und mich aus der Schusslinie zu bringen. Das hatte ich ja vor und wartete sehnsüchtig auf Nachricht von der Show.

Als mir der Chefredakteur angeboten hatte, meinen Urlaub komplett zu verbrauchen und dann ohne Gehalt freigestellt zu sein, solange die INFERNO-Reportage eben dauern würde, hatte ich erst den Plan, mit der Show ein Honorar zu verhandeln. Immerhin bedeutet so ein Riesenartikel ja auch Werbung. Legal ist das nicht, aber ich dachte mir, dass das wenigstens teilweise meinen Verdienstausfall auffangen würde, und wenn ich vom Verlag nicht bezahlt wurde, war ich ja kein Redaktionsmitglied im eigentlichen Sinn. Nach den drei Wochen, in denen Florian mich verfolgt, belästigt, lächerlich gemacht und bedroht hatte, war ich zu allem bereit. Hauptsache, ich kam hier raus, und das nicht nur für ein paar Tage. Und wenn die INFERNO-Chefin wollte, dass ich Miete bezahlte, Kartoffeln schälte oder während der Pause im Tutu Popcorn verkaufte, dann würde ich das tun. Unter der Show konnte ich mir noch sehr wenig vorstellen. Es gab keine Filme auf YouTube und auch keine Homepage. Ich fand Zeitungsberichte und Interviews mit Artisten, meistens mit den Kettensägen-Jongleuren, die ich selbst schon porträtiert hatte, aber es schien nie ein Live-Mitschnitt gemacht worden zu sein. Ich würde also erst, wenn ich dort war, erfahren, ob die Show wirklich die »infernalische Hölle«, die »spektakuläre Gratwanderung zwischen Leben und Tod« und die »lebensverändernde Erfahrung« war, als die sie beworben wurde.

Mein Koffer war längst gepackt, ich hatte Bargeld abgehoben und den Kühlschrank geleert, aber nichts passierte. Während Florian mich weiter terrorisierte, rief ich mehrfach täglich bei Mara an und fragte nach dem Wikinger. Als dann das Telefon klingelte, das ich ja wegen Florian nicht mehr abhob, und Mara nur »Skol« auf den Anrufbeantworter sprach, brauchte ich einen Moment, bis ich es kapierte.

»Ich hab ein Date mit dem Wikinger?«

»Setz die Hörner auf, schnall den Harnisch um, du hast ein Date mit dem Wikinger.«

Ich zog mein knallrotes Samtkleid an, das einen Schlitz bis zum Oberschenkel hatte. Das war nicht einfach ein gewagter Fummel, es war eine Kampfansage an Florian. Eine Frau, die so etwas trägt, ein Kleid wie ein Verkehrszeichen, die versteckt sich nicht und lässt sich nichts bieten. Aber erstaunlicherweise lauerte vor meiner Wohnung niemand. In meinem Briefkasten befand sich weder ein Liebesbrief noch ein totes Eichhörnchen, und es war auch kein neues Wort auf die Hauswand gesprüht, das mich eine Vertreterin des horizontalen Gewerbes nannte.

Ich nahm mir ein Taxi und fühlte mich wie eine Siegerin. Und freute mich zu früh. Denn als ich an der Adresse des Wikingers ausstieg, fing mich Florian ab. Diesmal hielt er sich gar nicht erst mit Liebesbeteuerungen auf.

»Du willst aus der Stadt weg?«

Ich wurde blass. Jetzt keine Schwäche zeigen. Ich trug das Gewand einer Kriegerin und war mit einem Wikinger verbundet, also würde ich mich nicht einschüchtern lassen. Trotzdem fragte ich mich, woher er das wissen konnte.

Er hatte kein Problem damit, es mir zu erklären.

»Deine hübsche junge Kollegin hat's mir erzählt. Wir haben uns nämlich angefreundet.«

Josie, deine Dummheit kennt keine Grenzen. Obwohl meine Wut auf sie hochkochte wie Sodbrennen, machte ich mir ein innerliches Post-it, dass Mara mit ihr sprechen sollte, sobald ich weg war. Ich wünschte ihr zwar Herpes und Rückenakne, aber Florian hatte sie nun doch nicht verdient. Ich schob ihn beiseite.

»Geh nach Hause. Ich habe dich angezeigt. Es geht dich nichts an, wo ich bin oder was ich mache.«

»Ich liebe dich, natürlich betrifft mich das, wenn wir eine Fernbeziehung führen.«

»Wir führen keine Beziehung!«

Im gleichen Moment, als ich mich brüllen hörte, tat es mir leid. Wer schreit, ist schwach. Ich riss mich zusammen.

»Du. Bist. Nicht. Mein. Partner.«

Und weil er nicht reagierte, schob ich hinterher: »Du gehst jetzt, oder ich rufe die Polizei.«

Er drehte sich um, trat aber nur so weit zurück, dass ich die paar Stufen zum Hauseingang hinaufgehen konnte.

»Darüber sprechen wir noch. Dazu gehören immer zwei! Du entscheidest nicht allein, wie wir unser Leben gestalten!«

Ich war froh, als die Tür hinter mir zuschlug und ich vor dem hünenhaften Bollinger stand. Er trug einen langen Kimono und schaffte es, selbst in der bunt bedruckten Seide männlich auszusehen. Seine Wohnung lag leider im Erdgeschoss. Eine Etage drüber hätte ich mich wohler gefühlt, denn ich war ziemlich sicher, dass Florian immer noch draußen herumlungerte.

Der Wikinger hatte die Szene durchs Fenster beobachtet.

»Ärger im Paradies?«

»Stress in der Vorhölle. Einfach ignorieren.«

Er zeigte zur Tür. »Ich kann kurz rausgehen und ihm Verstand zwischen die Ohren klopfen.«

Wie gern hätte ich das Angebot wahrgenommen. Alles in mir rief: »Ja, sei ein hilfloses Fräulein in Bedrängnis! Lass dich retten von einem starken Mann!«, aber natürlich lehnte ich ab. Ich würde das selbst regeln, ich regle doch immer alles irgendwie.

»Können wir über diese Inferno-Show sprechen? Und können wir das vielleicht bei einem Wodka machen?«

Viel zu besprechen gab's eigentlich gar nicht. Mara hatte schon am Telefon gesagt, dass die Sache klarging.

Bollinger fasste die Bedingungen noch mal für mich zusammen: »Du wohnst da in einem alten Postwagen. Komfort darfst du nicht erwarten. Verpflegt wirst du im Mitarbeiterzelt. Für Mahlzeiten und Nebenkosten wird erwartet, dass du mitarbeitest, wenn etwas anfällt.«

»Solange ich nicht halb nackt Ringe oder Keulen anreichen muss.«

Er lächelte.

»Du hast eine falsche Vorstellung von der Show, die hat mit den Circussen deiner Kindheit sehr wenig zu tun. Sie ist ziemlich ... na ja ... speziell. Das wird eine Grenzerfahrung.«

Ich lächelte zurück.

»Hauptsache, weit weg.«

Wir stießen an, und er sagte, ich würde morgen früh von einem Fahrer der Show abgeholt.

Dann stand er auf.

»Sybille, ich will kein schmieriger alter Sack sein, und ich bin ein Fan von klaren Absprachen. Ich hätte zu gern heute noch Sex. Ein bisschen lecken, ein bisschen ficken, nichts Wildes. Mit deiner Reportage geht alles klar, ich kann dir gern ein Taxi rufen und mir eine Escortdame. Oder wir beide amüsieren uns hier zusammen. Als Maiko warst du ja tabu bei Maras Event, was ich sehr bedauert habe. Es ist allein deine Entscheidung.«

Er legte eine Hand auf seinen Obi.

»Wenn du dir erst mal ansehen willst, was ich zu bieten habe, mach ich den gern auf, dann kannst du immer noch gehen.«

Er stellte sein Wodkaglas in ein Küchenregal.

»Aber vielleicht bist du mit deinen Gedanken auch eher bei dem jungen Mann dort draußen, das respektiere ich natürlich.«

Sein Hinweis auf Florian gab den Ausschlag. Bollinger hatte mir auf dem Geisha-Event schon gefallen, aber da war ich noch liiert. Jetzt war ich so solo, wie ich nur sein konnte. Und nach all den Demütigungen und dem Stress der letzten Woche fand ich, dass Florian einen Denkzettel verdient hatte. Vielleicht würde er es dann endlich kapieren. Guck genau hin, Exfreund, das hier nennt sich Revanche-Porno.

Bollinger war ein kluger Mann, er sah mich amüsiert an und wusste offenbar, was hinter meiner Stirn vorging.

»Seh ich das richtig, dass wir die Gardine zurückziehen und das Licht anlassen?«

Statt einer Antwort setzte ich mich auf den Tisch, der direkt vor dem Fenster stand, und streckte ihm meine Füße in den Stilettos entgegen.

Er öffnete die Riemchen und streifte mir die Schuhe ab.

»Du warst ja eigentlich gar nicht so ein Fuß-Fan«, lächelte er, und ich strich ihm mit den Zehen über die Wange.

»Du darfst mir draufspritzen. Gut gefickt bin ich immer sehr entgegenkommend.«

»Dann wollen wir deinem nervigen Ex-Typen mal zeigen, wie viel Spaß du ohne ihn haben kannst.«

Er löste den Obi und ließ den Kimono von seinen Schultern gleiten. Ich hatte schon auf dem Event bemerkt, dass er gut gebaut war, aber mit so einem muskulösen Körper hatte ich nicht gerechnet. Nachdem er sich kurz vor mir gedreht hatte, schob er die Gardinen zurück. Ich schälte mich aus dem engen Abendkleid und der Unterwäsche und drehte mich ebenfalls einmal vor ihm. Und vor Florian, der draußen in der Dunkelheit verborgen stand wie ein Spanner und endlich begreifen sollte, dass ich nicht mehr zu ihm gehörte. Bollinger küsste mich, saugte an meinem Hals, bis ich Gänsehaut am ganzen Körper hatte, er strich über meine Brüste und meinen Bauch und ging schließlich vor mir auf die Knie. Ich stützte mich mit den Händen auf dem Tisch ab und stellte einen Fuß auf einen Stuhl, um ihm mehr Platz zwischen meinen Beinen zu geben. Eine Möse zu lecken ist eine Kunst, und Bollinger hatte sie perfektioniert. Er züngelte, saugte, schlabberte und kreiste genau im richtigen Rhythmus. Seine Lippen stülpten sich weich über meine Klit und küssten sie mit kleinen, fast schüchternen Bewegungen, und dann wieder schob er herrisch seine steife Zunge, so weit es ging, in meinen Möseneingang oder ließ sie durch die Ritze rauf und runter fahren. Er war ganz versunken und kniete vor mir, ohne hastig zu werden, ohne abzubrechen. Dann packte er meinen Hintern, den er bisher nur geknetet hatte, drehte mich um und drückte mich mit dem Oberkörper auf den Küchentisch. Er spreizte meine Pobacken und verwöhnte mich auch dort, kroch zwischen meine Beine und leckte den Damm, dann züngelte er weiter hoch, bis er mein Poloch erreicht hatte. Ich hatte noch nie jemanden erlebt, der so hemmungslos war, er vergrub sein Gesicht zwischen meinen Backen und saugte sich dort fest.

Dann langte er neben sich, nahm eine kleine Flasche Öl vom Bord und goss mir etwas davon in die Kimme.

»Ficken will ich dich in die Fotze, aber ein bisschen fingern hintenrum – was meinste?«

Ich drehte mein Gesicht zum Fenster. »Guck's dir an, Florian, wie mir dieser fremde Mann einen Finger in den Arsch schiebt.«

Ich hielt mir selbst die Backen mit den Händen auseinander, und Bollinger ging wieder in die Hocke.

»Was für ein entzückendes, zuckendes Löchlein.«

Er verrieb das Öl auf meiner Rosette, die sich plötzlich so warm und geil anfühlte, und als der Druck seines Fingers fester wurde und er gegen den Widerstand drückte, keuchte ich laut. Ich erwartete, dass er seinen Finger einfach hineinschieben würde, aber er ließ mich warten und spielte außen herum, strich um die Öffnung, tauchte mal eine Fingerkuppe ein und zog sie wieder heraus. Ich merkte, wie meine Möse immer nasser wurde. Und als hätte er es geahnt, fasste er mit der anderen Hand um mich herum, sein linker Daumen reizte nun meinen Kitzler. Ich legte den Kopf in den Nacken und stöhnte, riss meinen Mund weit auf.

»Ich will, dass du mich jetzt fickst, ich will deinen Schwanz in der Fotze haben«, befahl ich ihm, und er lachte, stellte sich auf und zog sich ein Gummi über. Ich wollte mich umdrehen, aber er hielt mich fest, sodass ich weiterhin mit dem Oberkörper auf dem Küchentisch lag.

»Wenn dich das Herumspielen am Arsch so geil macht, wär's doch schade drum«, sagte er und schob mir seinen Schwanz in die Möse und gleich darauf einen Finger hinten rein.

Ich jaulte auf. Ganz langsam begann er mich zu ficken. Erst hielt er den Finger still und konzentrierte sich auf meine Möse, dann bewegte er zusätzlich den Finger im Arsch. Ich langte zwischen meine Beine und presste meine Klitoris, hielt ansonsten aber still und ließ ihn einfach machen. Der Höhepunkt, den ich herannahen fühlte, war gewaltiger als alles, was ich bis dahin erlebt hatte, eine Explosion aus Lust und Geilheit zerplatzte zwischen meinen Beinen. Bollinger, der ebenfalls schwer atmete, ließ mich kommen und zog seinen harten Schwanz aus mir. Er pellte das Kondom ab, während ich mich umdrehte, mit dem Hintern auf die Tischplatte rutschte und meine Füße um seinen Schwanz legte. Er rubbelte einige Male seine Vorhaut rauf und runter, dann spritzte er mir über den Spann. Und lächelte selig.

»Was für ein befreiender Fick, du Schöne bist ja ganz wunderbar.«

Er nahm seinen Kimono vom Boden, hob meine Füße sachte hoch und wischte sie sauber. In meinem Unterleib pochte und zuckte es noch immer.

Florian hatte ich in dem Moment völlig vergessen.

»Du musst mich unbedingt demütigen, ja? Mir wehzutun reicht nicht, du musst dich unbedingt wie eine Nutte aufführen!«

Er war hinter einem Kioskhäuschen hervorgesprungen, das man von Bollingers Wohnung aus nicht sehen konnte, und hatte mich fest am Arm gepackt.

Bollinger und ich waren gemeinsam zur Haustür gegangen, er hatte mir angeboten, ein Taxi zu rufen und mit mir zu warten, aber Florian ließ sich weit und breit nicht blicken, und mir war die ganze Sache peinlich. Ich hielt es auch für unwahrscheinlich, dass Florian all die Stunden, die ich mit Bollinger gevögelt und danach auf seinem Sofa geschlafen hatte, draußen gewesen war. Vielleicht hatte er es endlich kapiert. Außerdem lag die Hauptstraße nur hundert Meter entfernt, da gab es immer Taxen. Also schickte ich Bollinger zurück in seine Wohnung und bedankte mich noch mal für den

Kontakt zur Show. Er küsste mir formvollendet die Hand und bedankte sich für »den überaus erfreulichen Austausch von Körperflüssigkeiten«.

Meine gute Laune hielt genau bis zum Kiosk.

Ich schrie kurz auf, als Florian mich ansprang, weil ich mich wirklich erschrocken hatte und sein Griff ziemlich fest war.

»Nimm deine Hände sofort von mir, oder ich schrei die Straße zusammen.«

Er lockerte ihn, ließ mich aber nicht los. Ich versuchte die Lage abzuschätzen: Noch vier oder fünf Häuser bis zur Hauptstraße, da würden Leute sein, da waren immer welche, auch tief in der Nacht. Vielleicht konnte ich ihn ablenken. Ich fing also an zu reden und ging dabei weiter. Nur nicht stehen bleiben!

»Du musst das endlich einsehen. Wir passen nicht zusammen. Es war schön anfangs, aber du hast einiges veranstaltet, was mir echt Angst gemacht hat.«

Er drückte mich an sich, Panik stieg in mir hoch.

»Ich weiß, Ilsebill. Ich bin einfach sehr leidenschaftlich, manchmal geht es mit mir durch. Aber du hast mich ja auch getriezt bis zum Anschlag. Alles war toll – und dann kommt von dir wieder irgend so ein Ding, du hast da echt ein Problem, du kannst Menschen, die du liebst, nicht nah an dich ranlassen, und dann schlägst du um dich. Ich verstehe das. Aber du musst da wirklich an dir arbeiten.«

Ich an mir arbeiten? Bei dem Irren hakte es wohl. Ich habe niemandem Rinderherzen an die Tür gehängt. Aber ich wollte ihn nicht provozieren, ich brauchte nur noch zwei Häuser zu schaffen, dann war ich in Sicherheit.

»Ich gebe gern zu, dass ich nicht einfach bin, und vielleicht reagiere ich manchmal über, aber, Florian, Gefühle ändern sich, das musst du doch verstehen, ich liebe dich nicht mehr.«

Er sah verbissen nach vorn und ging unwillkürlich schneller, das kam mir entgegen, ich passte mich unauffällig an.

»Liebe geht nicht ohne Grund von heute auf morgen weg, Sybille, so was passiert nur Borderlinern, wobei ich ab und zu ehrlich gesagt das Gefühl habe, dass du in diese Richtung tendierst.«

Na super, jetzt war ich nicht nur eine beziehungsunfähige Schlampe, sondern auch noch psychisch krank.

»Aber das sind Phasen, das kommt von deiner Angststörung. Sogar Josie sagt, du bist merkwürdig und überdreht. Ich weiß, dass du mich liebst, ich fühle das. Ich werde auf dich warten, und bis du es wieder weißt, liebe ich einfach für uns beide. Ich kann das nämlich. In mir ist sehr, sehr viel Liebe, und du könntest ruhig ein bisschen dankbar sein, dass ich damit so großzügig umgehe.«

Das letzte Haus. Und vorbei. Die Hauptstraße. Aber weit und breit kein Taxi. Scheiße. Jetzt war ich es leid und spielte auf Risiko. Er würde es nicht wagen, mir hier etwas zu tun, wo alles hell erleuchtet war und jeden Moment Leute aus Clubs kommen oder zur Nachtschicht gehen konnten.

Ich riss mich los.

»Florian, ein für alle mal: Lass mich in Ruhe. Hör auf, mich zu bedrohen. Such dir eine andere Freundin, auch wenn die mir jetzt schon leidtut. Die Polizei weiß genau, was du machst, die haben jeden Brief und all das Zeug von dir. Verschwinde endlich aus meinem Leben.«

Er packte mich wieder. Ich fing an zu zappeln in seinem Griff.

»Du bist unerträglich. Ein Irrer. Ich bin psychisch krank? Ich? Du spinnst ja, du hast einen an der Waffel, aber gewaltig. Steck die Zurückweisung einfach weg, mein Gott, ich will dich nicht, ich finde dich ekelhaft, du widerst mich an.«

Er versuchte mich an sich zu ziehen und mir über den Kopf zu streichen.

»Du hast eine paranoide Episode, die geht vorbei, mein kleiner Schatz, ich kümmere mich um dich.«

Ich stieß ihn weg. Er riss mich wieder an sich. Ich trat nach ihm und erwischte ihn mit dem Absatz eines Stilettos am Schienbein, er schrie auf und schubste mich. Seine Hände zerrten an meinen Haaren. Ich verlor den Überblick, plante längst nichts mehr im Voraus, sondern schlug nur noch um mich. Ich versuchte das Knie hochzuziehen, was wegen des engen langen Kleides nicht ging. Er wich aus und legte mir den Arm um den Hals, nahm mich praktisch in den Schwitzkasten und drückte mich tiefer. Ich stieß gegen seinen Bauch, trat wieder, wollte ihn umstoßen, endlich freikommen.

Wir verloren beide das Gleichgewicht.

Wir taumelten.

Fielen.

Plötzlich war da ein grelles Licht, so hell, dass ich nichts mehr sah, nur noch gleißendes weißes Strahlen, das durch mich hindurchging. Und ein ohrenbetäubendes Tuten wie von einem Ozeandampfer. Oder einem Laster. Dröhnend laut, lauter als mein Schreien, lauter als das Knacken, das ich in meinem Kopf spürte, ein gefährliches Knacken oberhalb der Ohren.

Dann.

Schwarz.

Auf dem Platz: Vorhang auf

Ich weiß sofort, dass diesmal alles anders ist. Obwohl es vormittags keine Vorstellung gibt, läuft bereits die Eingangsmusik im Chapiteau. Die Stimme der Sängerin, die mir bis heute fremd geblieben ist und die meistens bei ihren Musikern bleibt, mit denen sie in einem großen umgebauten Container wohnt, schraubt sich höher. Normalerweise rennen wir jetzt alle durchs Publikum und verbreiten dämonisches Chaos.

Es riecht auch schon bis auf den Platz nach Popcorn und Bratwurst, keine Ahnung, wieso die Foodtrucks jetzt ihre Grills angeworfen haben. Der Requisiteneingang ist weit geöffnet, und aus dem Inneren dringt das Gemurmel von Hunderten Zuschauern. Einen Moment hoffe ich noch, dass ich einfach eine Sondervorstellung vergessen oder nicht mitgekriegt habe. Aber als ich mit Wumme zur Manege gehe, sehe ich, dass hier etwas vor sich geht, das ich mir nicht erklären kann: Alle, die Artisten, die Techniker, die Bühnenarbeiter und Zuschauer sind gleich angezogen. Alle tragen blaue Samtcapes und Hütchen mit Blumen und Pfauenfedern. Sie haben blass geschminkte Gesichter mit purpurnen Puppenmündern, mit denen sie immer wieder dasselbe murmeln.

»Eine von uns, eine von uns …«

Ich ahne, dass ich heute die Hauptattraktion der Show bin, und fühle, wie sich mein Hals verengt und der Magen sich nach oben wölbt. Mir ist so heiß, dass der Schweiß an mir herabrinnt.

In der Manege haben sich alle Nummern der Show versammelt: die Limbotänzer mit ihren Feuerfackeln, die Trapezartisten, die schon ihre Gasmasken tragen, die kleine Besteckschluckerin, die 380-Volt-Brüder, Wummes Schlangen und Reptilien, zu denen er sich jetzt stellt, Esther und Carl vom Bungee, die übrig gebliebenen Kautschukmädchen, die Warriors mit den Maschinengewehren im Anschlag, Ramon, der sich inzwischen längst nicht mehr nur in einen Koffer faltet, sondern sich auch daraus befreit, kurz bevor der Koffer gesprengt wird, die Fußjonglage-Mädchen, die auf ihren Podesten liegen und ihre mit Gift gefüllten Kugeln auf den Fußsohlen balancieren, die zwei Gruselclowns, die sich Stahlstifte aus der Nagelpistole in die Köpfe jagen, die Mädchen vom Feuertrampolin, der neu dazugekommene Junge auf dem großen Ball, die beiden Kettensägen-Jongleure und natürlich die Motocrosstruppe mit ihren knatternden Maschinen.

Wumme nestelt in seiner Tasche, holt einen Jaffakeks hervor, hält ihn hoch, dass ihn alle sehen können, bricht ein Stück ab und legt es mir auf die Zunge. Der parfümierte Orangengeschmack breitet sich in meinem Mund aus, und in meiner Brust wird es eng.

Er führt mich in die Mitte. Dort thront die Patronessa auf einem Sessel, vor ihr schwebt über einem Tisch die Glaskugel. Ich trete vor, Applaus bricht los, den die Patronessa nach wenigen Momenten mit einem Handzeichen zum Schweigen bringt. Es gibt einen Ruck im Boden, und ich sehe, dass der äußere Rand der Manege rotiert. Während die Patronessa und ich im Zentrum unbewegt stehen bleiben, kreisen die Artisten um uns herum. Vor der Band, die einen Platz auf einem

Gerüst etwas erhöht gegenüber den Zuschauern hat, senkt sich eine Leinwand herab.

Die Patronessa hält ihre Hände über die Glaskugel, der Nebel beginnt zu wabern. Gleichzeitig erscheint auf der Leinwand graues Gepixel. Dann entsteht in der Kugel und groß auf der Wand das Bild eines Wasserbassins. Mindestens drei Meter hoch. Daneben befindet sich weit oben unter der Chapiteaukuppel eine Art Sprungbrett. Eine Gestalt in einem engen schwarz glänzenden Anzug steht am äußersten Rand. Ihre Arme sind auf den Rücken gebunden. Auch ihre Fußknöchel sind verschnürt. Großaufnahme: Ihr Kopf ist völlig von einer Maske verdeckt, nur der Mund ist ausgespart. Jetzt tritt jemand hinter sie und legt ihr einen Knebel um, ein Ball verschwindet halb in ihrem geöffneten Mund, der Knebel wird hinter dem Kopf geschlossen. Sie ist an Armen und Beinen gefesselt, kann nichts sehen und auch keine Luft holen. Die Blende geht wieder auf. Hände stoßen sie vom Bord, die Gestalt stürzt kopfüber durch die Luft und in das Bassin, durchstößt mit einem gewaltigen Platscher die Wasseroberfläche, versinkt und zappelt heftig, während sie versucht, sich zu befreien. Das Bild hält an.

Die Patronessa räuspert sich und strahlt mich an.

»Das wäre deine Nummer. Klassische Entfesselung mit einem Tick Richtung Latex und Fetisch, also schön sexy. Und wir haben noch nichts mit Wasser in der Show. Die Leute wären begeistert. Oder? Leute? Wärt ihr begeistert?«

Das Publikum beginnt zu klatschen, ja, zu toben. Ihre Füße trampeln auf die Holzstufen, auf denen sie sitzen, während sie pfeifen und johlen. Ich versuche immer noch zu verarbeiten, dass sie alle wie Mara angezogen sind. Vierhundert Mary Poppins.

Ich stehe paralysiert da, und das Einzige, das mir einfällt, ist: »Ich kann nicht tauchen.«

Die Patronessa lacht und winkt ab.

»Liebchen, das lernste schon. Guck dir die anderen an.«

Die Nummern kreisen um uns, Giftbehälter, Nagelpistolen, Maschinengewehre, Feuer, ein Inferno der riskantesten Vorführungen. Aber alle lachen und strecken ihre Arme hoch wie Sieger, wenn sie knicksen und sich vom Publikum feiern lassen.

Wieder gibt die Patronessa ein Zeichen, und auf den Zuschauerrängen wird es schlagartig still. Auch die Artisten in der Manege unterbrechen ihre Darbietung und umfahren uns stumm. Ich fasse nach Wummes Hand, aber er steht nicht mehr neben mir. Ich drehe mich um, er ist einfach weg.

Die Patronessa zeigt auf die Leinwand, wo ich nun ein Gesicht sehe, beziehungsweise nur die geschlossenen Augen, die Stirn und den Nasenrücken. Ich erkenne mich sofort.

»Jetzt ist es Zeit, uns zu sagen, was in der Nacht bevor du herkamst, passiert ist.«

Obwohl ich mich fühle, als drücke ein immer schwereres Gewicht auf meine Brust, und ich sicher bin, dass niemand mein Flüstern verstehen wird, antworte ich. Mir ist absolut klar, dass ich hier nicht mehr rauskomme, ich muss mitspielen.

»Ich hatte einen Streit mit meinem Ex-Freund. Wir waren frisch getrennt, aber er wollte das nicht akzeptieren. Wir standen nachts an einer großen Straße und haben miteinander gekämpft. Dann kam der Laster.«

Meine leise, krächzende Stimme ist überall im Chapiteau laut und deutlich zu hören.

Die Patronessa nickt und dreht sich zum Publikum.

»Ihr seid gefallen? Oder hast du ihn vor den Laster gestoßen, und er hat im letzten Moment nach dir gegriffen und dich mitgezogen. Wie war es denn nun?«

Ich höre wieder das laute Tuten und das Knacken, das durch meinen Kopf geht, aber nicht wie in einer Vision, sondern wie in einer Erinnerung. Ich erinnere mich nicht an die Sekunden davor, nur dass wir beide vor diesen Laster gestürzt sind und er uns erfasst hat mit einer Wucht, die man nicht beschreiben kann.

Das Video mit meinem Gesicht blendet auf. Jetzt erkennt man, dass ich mit verbundenem Kopf und Schlauch im Mund in einem Klinikbett liege. Um mich herum so viele Apparate und Kabel, dass ich wie ein Cyborg aussehe. Neben mir sitzt Mara in einem fahlgrünen Kittel. Ihr Gesicht ist hinter einem Mundschutz verborgen. Sie hält meine Hand. Es sind noch weitere Personen im Raum, ich sehe einen Schatten an meinem Fußende und eine Ärztin, die mit dem Rücken zu mir einen Monitor einstellt.

Die Patronessa lässt mir Zeit und wartet.

Ich stehe da mit hängenden Schultern und erwarte mein Urteil.

»Sterbe ich?«

Sie zuckt mit den Schultern.

»Wer weiß das schon. Jedenfalls nicht, bevor du eine Entscheidung getroffen hast.«

Die Artisten um uns herum fangen wieder mit ihren Nummern an. Die Patronessa hebt die Arme wie eine Opernsängerin.

»Die Frage ist: Hast du Florian gestoßen, weil du deine Ruhe haben wolltest? War es Notwehr? Oder ein Unfall? Das weißt nur du. Und vor allem: Willst du zurück?«

Ich sehe von dem Videobild zur Patronessa und zurück und versuche, das alles zu begreifen. Als ich schwanke, tritt Bungee-Esther hinter mich und hält mich.

»Ist das ein Gericht?«

Die Patronessa lacht schallend, ihr Busen wogt auf und ab unter ihrem Gelächter. Sie wischt sich eine Träne aus dem Auge.

»Liebchen, was erwartest du denn? Einen weißbärtigen alten Mann auf einer Wolke, der dich im Fahrstuhl hoch- oder runterschickt? Eine große Waage, auf die du dich setzen musst für ein Visum in die richtige Richtung? Schuldig oder unschuldig, so lautet dein System. Die Hölle ist in dir, wenn du beschließt, dass du eine haben musst. Wir sind alle in deinem Kopf eingeschlossen – ein ziemlich sexbesessener Kopf übrigens –, wir sind in dir, nicht du in der Show. Du bist die Show.«

Sie zeigt um sich, und die Artisten knicksen oder verbeugen sich, wenn ihr ausgestreckter Finger sie erwählt. Das Publikum beginnt wieder zu raunen.

»Eine von uns, eine von uns.«

Ich sehe wieder auf die Videoleinwand. Es gibt keinen Ton, aber an Maras Mundbewegungen kann ich erkennen, dass sie mit mir spricht oder mir etwas vorsingt. Sie sieht zu der Ärztin, die dreht sich um, und ich erkenne die Frau von dem Gemälde aus dem Wohnwagen der Patronessa. Sie hat keine Schnurbarthaare, aber ihre Augen sind unverwechselbar. Und auch die andere Person kommt jetzt ins Bild. Ich starre auf sein Gesicht. Fast erwarte ich, dass sich die gelbe Schlange über mein Krankenbett ringelt, es ist Wumme! Und jetzt erinnere ich mich auch. Nach dem Unfall war ich nicht sofort bewusstlos. Ich lag auf der Straße, er hielt mich im Arm und redete auf mich ein. Er war direkt aus seinem Laster gesprungen und auf Florian und mich zugerannt. Auf seinem T-Shirt ringelte sich eine gelbe Schlange, das Firmenlogo, und darüber stand »Spedition Wumme«. Nach all der Zeit, in der ich hier bin (aber wer weiß schon, wie lange es wirklich ist), sitzt er immer noch bei mir am Krankenbett? Er rückt neben Mara, nimmt meine Hand und streichelt sie vorsichtig.

Bevor ich weiter über ihn nachdenken kann, ruft die Patronessa, als würde sie eine gute, lang erwartete Nachricht verkünden:

»Das alles hier hast du erschaffen. Und es ist nicht schlecht, bei uns zu leben. Du brauchst dich bloß zu entscheiden, dass du bleiben willst in deinem sexbesessenen Inferno.«

Sie lacht wieder. Und wie aufs Stichwort legen die Artisten ihre Requisiten ab und die Zuschauer ihre blauen Capes. Die Holzränge knirschen, als sie sich alle gleichzeitig bewegen, sich ausziehen und völlig nackt dastehen. Die Artisten beginnen sich anzufassen und zu küssen. Die beiden Trampolinmädchen umschlingen sich, die Motocrosstruppe fummelt mit den Trapezleuten. Aus dem Publikum kommt eine Wolke aus Gestöhne und Geschmatze. Die Kettensägen-Jongleure knutschen mit den Horrorclowns. Das Bungeepaar schwingt nackt und ineinander verschlungen über unseren Köpfen, die Warriors ficken sich gegenseitig, die Antipoden-Mädchen liegen auf dem Rücken und werden von den Limbotänzern geleckt. Die vögelnden Artisten kreisen um mich herum, das Publikum auf den Rängen ist eine wogende Masse aus nackten, schreienden, sich aufbäumenden Körpern. Die Patronessa tritt auf mich zu, bis ihr Gesicht ganz nah vor meinem ist.

»Du musst nicht zurück. Du kannst hierbleiben und all das haben, all die unendlichen Möglichkeiten der Lust.«

Das Karussell aus stoßenden Körpern, leckenden und saugenden Mündern dreht sich um mich.

Schneller.

Und schneller.

Epilog

STADT-MAGAZIN

In eigener Sache: Nachdem wir in der letzten Ausgabe ausführlich über den tragischen Unfall unserer beliebten Kollegin Sybille Freiwald berichtet haben, sind wir sehr erleichtert, unseren Leser*innen mitteilen zu können, dass sie offenbar aus dem Koma erwacht und auf dem Wege der Besserung ist. Billy, deine Kolumne »Eros to go« und Wäschekörbe voller Fanpost warten hier auf dich. Lass dich nicht unterkriegen, und denk immer daran: Prinzessin sein können die anderen, aber du bist eine Drachentöterin. In diesem Sinne wünschen wir dir alles Gute, wir freuen uns, wenn du bald wieder bei uns bist.

Die Redaktion

Danke

Eine Schreiberin ist nur so gut wie die Menschen, die mit ihr leben und sie aushalten. Deshalb geht mein heißer Dank an Marcus, der mich wie immer unermüdlich unterstützt, mit angefrorenem Milchkaffee versorgt und sich meine Ideen und Zweifel angehört hat. Ich danke Eric M. für die zahlreichen Hinweise und die Genauigkeit, die nur du hast und die unendlich wertvoll für mich ist. Lutz G. danke ich für die Idee der Abbruchhäuser. Und dem Circus, bei dem ich gleich nach dem Abitur mitreisen und arbeiten durfte, sage ich *merci chers amis* für eines der größten Abenteuer meines Lebens. Ich werde die Duschen unterm Gartenschlauch und die Nächte im Petit Chapiteau nie vergessen.